Lo que l

Este trabajo excepcional ... s enfoques más profundos y prácticos acerca del tema de la alabanza y la adoración que yo haya leído en mucho tiempo. El enfoque del autor a este tema es un soplo de aire fresco que cautiva el corazón, involucra la mente e inspira el espíritu. *Alabanza Profética* es un regalo de motivación para adorar.

—*Dr. Myles Munroe*
Autor de libros más vendidos; presidente y fundador de Bahamas Faith
Ministries International
Nassau, Bahamas

Joshua Fowler es un hombre de Dios en la apasionada búsqueda de su presencia, y lo ha sido desde su adolescencia. Su amplio y profundo entendimiento en relación con el corazón del Padre, y lo que Él busca de sus hijos e hijas, se extrae de su riqueza de estudio y manejo de la Palabra de Dios por muchos, muchos años. Es una voz apostólica sazonada con un mandato fresco para desatar una ola de inundaciones de los ríos gloriosos de Dios en los santos y a través de ellos. *Alabanza Profética* es un manual práctico de aprendizaje permanente, que describe hacia dónde necesita dirigirse y fluir el movimiento de Dios en los días por venir.

—*Dr. Mark J. Chironna*
Pastor principal, The Master's Touch International Church
Orlando, Florida

En *Alabanza Profética* será inspirado a vivir una vida desde los cielos, y ver la manifestación del reino de Dios en la tierra. El Dr. Joshua Fowler ha escrito un libro que le preparará para gobernar y reinar desde el asiento de autoridad de Dios, mientras camina en la revelación de estar sentado en lugares celestiales en Cristo. Hay un sonido de alabanza a la espera de ser puesto en libertad a través de usted. A medida que es liberado, no solo las puertas de su propia cárcel se abrirán, sino que también Dios le hará un punto de avance y victoria para otros. Prepárese para gobernar sobre sus enemigos conforme la alabanza de Dios marca su vida.

—*Matt Sorger*
Presidente, Matt Sorger Ministries; presentador de television, *Power for Life*
Seldon, New York

Alabanza Profética es una obra oportuna de revelación que elevará a todo creyente a una vida que establecerá el reinado de Cristo en su vida cotidiana. El Apóstol Fowler es un David de hoy día, que le ayudará a liberar los sonidos del cielo en su propia vida, lo que resultará en una manifestación de la presencia de Dios que sanará, restaurará, y refrescará el corazón del adorador.

—*Tammy Chism*
Impact Life Center
Tulsa, Oklahoma

El Dr. Fowler ha escrito una verdadera gema con *Alabanza Profética*. Se lo recomiendo encarecidamente a cualquier persona que desee un mayor entendimiento de lo que verdaderamente sucede cuando soltamos el sonido de alabanza. Estoy convencido de que estos conceptos y enseñanzas pueden realmente desatar nuestra autoridad en el reino, así como cambiar la manera en que nos enfocamos en nuestros momentos de adoración corporativa y personal. ¡Esta es una lectura obligada!

—*Trent Cory*
Ministro, líder de adoración, y compositor de música

En su libro *Alabanza Profética*, Joshua Fowler trae a la iglesia del siglo XXI una renovada comprensión del propósito y el poder de la alabanza. Su pasión por ver al cuerpo de Cristo entender y asumir su posición, sentado en lugares celestiales con Cristo, le provocará para que tome su lugar como un gobernador de alabanza en la tierra. ¡Permita que las verdades en este libro penetren en su corazón y transformen sus expresiones de alabanza en los decretos proféticos que destrozan el territorio del enemigo y sueltan el reino de Dios!

—*Kelanie Gloeckler*
Líder de adoración/compositora musical, New Life Christian Fellowship
Jacksonville, Florida

Joshua Fowler ha escrito un libro que creo que debe ser una lectura obligada para todo creyente, especialmente pastores. Tuve el maravilloso privilegio de leer *Alabanza Profética* mientras ministraba en reuniones de adoración a lo largo de la nación de Brasil. ¡Despertó mi fe y avivó la llama en mi corazón para ver a una nación transformada por medio del poder de la alabanza! La revelación en este libro es crucial para los tiempos en que estamos viviendo. ¡Hay una urgencia en esta hora para que nosotros, como hijos de Dios, entremos en un lugar de autoridad gubernamental en nuestra adoración! Conozco a Joshua Fowler personalmente y he ministrado en su iglesia por años. Él vive lo que enseña en este libro. De todo corazón recomiendo *Alabanza Profética*. ¡Le desafiará, y ojalá le aporte una nueva perspectiva a la manera en que usted ve el poder de la alabanza!

—*Jason Lee Jones*
Cantante de adoración
Savannah, Georgia

El Apóstol Joshua tiene un llamado para guiar al cuerpo de Cristo a la presencia del Señor; él ha sido dotado para esto. Su nuevo libro, *Alabanza Profética*, le traerá a una nueva dimensión de alabanza. La primera vez que conocí a Joshua en una conferencia, el Señor me dio palabra para él: como percusionista, él lleva el corazón de Dios, el cual es soltado cuando él toca los tambores. Él libera el latido del corazón de Dios para la alabanza. Su vida nunca será igual conforme usted se involucre en la revelación que él comparte en este libro.

—*Apóstol Mark van Gundy*
Pastor principal, Church of Destiny y Igreja Philadelphia
Londres, Inglaterra

El Apóstol Joshua Fowler es una voz para esta generación. Dios ha levantado a este hombre como un general. *Alabanza Profética* es una lectura obligada. Conforme la iglesia continúa entendiendo el poder que hay detrás de la alabanza, nosotros vamos a conquistar territorio para el reino de Dios. En este libro usted obtendrá un entendimiento de la alabanza profética. La alabanza profética no es alabar a Dios por algo que ya sucedió, es alabar a Dios por algo que sucederá. Apóstol Fowler, ¡lo lograste de nuevo!

—*J. R. González*
Pastor principal, Dominion Life Center
North Hollywood, California

¡El Apóstol Joshua verdaderamente ha escuchado de Dios al escribir *Alabanza Profética*! En una época cuando la gente está colectivamente gastando millones en conferencias y retiros para encontrar el "derramamiento" de la presencia de Dios, el Apóstol Joshua nos ha traído de regreso al propósito original de adorar a Dios y tomar dominio sobre la tierra; ¡y por lo tanto, encontrar su "derramamiento"!

—*Apóstol Steve Perea*
West Coast FiveFold Network
Manteca, California

Cuando comencé a leer este libro, la imagen que vino a mi mente fue la de tener un "diapasón" en mis manos. Creo que eso es lo que este libro será para su vida. Considero que la revelación sobre la alabanza y adoración es un diapasón que nos conduce a la unidad con Dios y a su muy manifiesto amor y presencia. Le animo a que abra su corazón, mente, y espíritu para abrazar esta jornada de revelación en la que Joshua Fowler le llevará a través de su libro. ¡Creo que usted tiene en sus manos unas llaves preciosas de revelación que le llevarán más profundo en su caminar con Jesucristo!

—*Ryan Wyatt*
Pastor principal y fundador, Fuse Church
Knoxville, Tennessee

Es con gran placer que aprovecho esta oportunidad de endosar *Alabanza Profética*. Habiendo conocido al Dr. Fowler por más de doce años, sé que el contenido de las páginas de este libro proviene de un hombre que opera en verdadera alabanza profética. Recomiendo encarecidamente este libro no solo a los líderes de iglesia sino también a los laicos en todas partes, quienes deseen seriamente estar fundamentados en el entendimiento de la alabanza y adoración. ¡Lean, y luego avancen en *Alabanza Profética*!

—*Michael Scantlebury*
Autor y apóstol fundador de Kingdom-Impact International Network

Alabanza Profética por Joshua Fowler provee una solución real para aquellos que han sido llamados a tomar territorios para el reino de Dios. Es autentico, revelador, y está repleto de estrategias útiles para soltar el poder de la alabanza en cualquier situación. En mi trabajo como estratega de transformación, sin duda pondré esta herramienta en las manos de aquellos individuos, equipos, y organizaciones que deseen hacer realidad su derecho divino a tomar el dominio. Cada profesional del reino debería tener un ejemplar en su arsenal.

—*Dr. Michael A. Phillips*
Director principal, Kingdom Life International Center
Orlando, Florida

ALABANZA
PROFÉTICA

ALABANZA PROFÉTICA

JOSHUA FOWLER

WHITAKER
HOUSE

ALABANZA PROFÉTICA:
Suba adoración, desate el fluir del cielo
(Publicado originalmente en inglés bajo los títulos *Governors of Praise* y *Prophetic Praise*)

Joshua Fowler
www.joshuafowler.com

Traducción al español realizada por:
Patricia R. Robinson
shalomtranslations1@gmail.com
(708) 381-0881

ISBN: 978-1-60374-972-5
eBook ISBN: 978-1-60374-989-3
Impreso en los Estados Unidos de América
© 2012, 2014 por Joshua Fowler

Whitaker House
1030 Hunt Valley Circle
New Kensington, PA 15068
www.whitakerhouse.com

CONTENIDO

PRÓLOGO

He visto personalmente la pasión de Joshua Fowler por la alabanza, adoración y la presencia de Dios. Su pasión por la adoración es evidente en su iglesia local, y puede observarse en la gente que él ha entrenado para ser verdaderos adoradores. Su pasión también se puede palpar en este libro. La revelación en *Alabanza Profética* es necesaria para todos aquellos que quieren tener avances significativos en sus vidas personales, ministerios y territorios.

Hay una autoridad y un poder que se libera a través de la alabanza; de eso trata este libro. La alabanza es un arma, y la alabanza es parte del gobernar y reinar con Cristo. Jesús viene de la tribu de Judá. El cetro viene de la tribu de Judá. El tabernáculo de Dios estaba en Judá. Su presencia estaba en Sion, el cual estaba ubicado en Judá. Los "alabadores" tienen el ADN espiritual de Judá, la tribu de la cual provino Cristo el Gobernante. Es más necesario que nunca que los líderes instruyan sobre el tema de la alabanza. Dios habita en las alabanzas de Israel. (Véase Salmos 22:3). En otras palabras, la alabanza trae la presencia de Dios; el Rey mora en medio de la alabanza. Este libro retará a los lectores a ver la importancia de la alabanza para la iglesia actual. Como Joshua dice: "La alabanza no es una parte preliminar del servicio de la iglesia".

La alabanza entre las naciones era el plan y el propósito fundamental de Dios por medio del acto redentor de la muerte y sacrificio de Cristo. La dirección de Dios a Joshua —"Enseña a mi pueblo a que me adoren, porque la adoración es el lugar más cercano a mí en la tierra" —es el motivo de este libro. Dios se complace cuando a las personas se les enseña a adorar.

Al leer este libro, permita que las palabras inspiradas se establezcan en su espíritu. Joshua escribe desde una posición de autoridad profética y revelación. Este no es un eco de lo que se ha escrito antes. Siempre hay revelación fresca para una nueva generación, y Joshua es una voz para esta generación. Su misión es ver a una nueva generación levantarse y salir en alabanza y adoración que irá más allá que las generaciones anteriores. Aún tenemos que ver la plenitud de lo que Dios quiere hacer a través de *Alabanza Profética*. Lo mejor está aún por venir. Hay milagros que aún deben ser liberados. Prepárese para emprender una nueva jornada en la alabanza.

—*John Eckhardt*
Apóstol y director, Crusaders Church Chicago
Chicago, Illinois

INTRODUCCIÓN

Era un lugar oscuro situado en medio de lo que parecía ser el "pueblo en medio de la nada". Con tan solo 16 años de edad, tuve un encuentro con Dios que me conmovió hasta el centro de mí ser y desató un apetito insaciable por la presencia de Dios. Este encuentro no ocurrió en una gran conferencia o en una megaiglesia. No sucedió con un predicador conocido mundialmente o con grupos de adoración. Tuvo lugar en una iglesia pequeña en las heladas tierras de labranza de Wisconsin.

Nunca había visto algo así antes. La atmósfera estaba llena de expectativa y alimentada por una intensa hambre y oración. A lo largo de todo el día, la gente llegaba continuamente en sus descansos para caminar por los pisos del santuario, orando y cantando en el Espíritu. La iglesia tenía una escuela privada, y cada hora los estudiantes salían de sus salones escolares y caían sobre sus rostros, orando y cantando en el Espíritu. Cuando llegó la hora del servicio, ¡la atmósfera estaba tan espesa con la presencia de Dios que se podría haber cortado con un cuchillo! Las personas no estaban satisfechas con el típico segmento musical "con un poquito te será suficiente", sino que prevalecieron con pasión hasta que tocaron al Señor.

Después de que se predicó la Palabra, mucha gente se acercó, entregando sus vidas al Señor. En lugar de concluir con algunas pequeñas observaciones y oración, el pastor llamó al equipo de adoración y le ordenó a la gente unirse a los ángeles que se regocijaban por las almas que habían sido salvas. Como un volcán, el lugar estalló en gritos, danza y canto. En medio de todo eso, cerré los ojos, levanté mis manos, me dejé llevar y comencé a danzar. De repente, fui arrebatado a dimensiones superiores de alabanza y adoración que yo nunca había experimentado antes. Aunque comencé siete filas más atrás, yo no era consciente del hecho de que había alabado todo el camino hasta el frente del edificio a un lado del teclado. La canción terminó con un crescendo, y el pastor comenzó a hablarle a la gente.

Aunque intenté contenerme, yo estaba embriagado con el "vino nuevo" y no podía parar de reírme. El pastor y la iglesia me escucharon y se unieron conmigo a la risa. Entonces mis emociones se desbordaron, y comencé a derramar lágrimas de gozo. Caí sobre mis rodillas, y cuando toqué el suelo, se abrió el cielo, ¡y escuché los sonidos más hermosos que he escuchado en mi vida! Era el ejército del cielo adorando delante del trono de Dios. Entonces el Señor dijo algo que me lanzaría a la misión que ha moldeado el destino de mi vida. Él dijo: "Enseña a mi pueblo a adorarme, porque la alabanza es el lugar más cercano a mí en la tierra". En ese punto, yo estaba llorando y temblando incontrolablemente, ¡entonces escuché un fuerte *bum*! Era el sonido discordante del micrófono inalámbrico del Pastor John, que brincó de la plataforma y corrió hacia mí. Él puso su mano sobre mi cabeza y lanzó una profecía que aún resuena hoy en mi espíritu: "He puesto mi Palabra en tu boca y una piedra en tu mano para liberar a esta generación".

Creo que este libro es parte del cumplimiento de esa profecía: una palabra y una piedra para liberar generaciones. Es mi deseo que conforme usted lea este libro, sea provocado a una mayor hambre y pasión por el Señor, y que entre en la dimensión de la alabanza profética.

En este libro aprenderá que cuando usted "sube" alabanza y adoración a los cielos, atrae a los perdidos hacia el reino y "desata" el cielo, liberando señales y maravillas, ¡y nos permite gobernar espiritualmente sobre territorios e impactar a las naciones para Cristo! ¡Vaya más allá de la revelación, reciba impartición, y cuando el Espíritu Santo se mueva en su corazón, entre en participación! Ya sea que se arrodille, levante sus manos, cante, dance, grite, llore o se ría, solo déjese llevar y únase al ejército del cielo en la dimensión de la alabanza profética.

1

SUBA ADORACIÓN

Creo que Isaías 55 es una llave maestra para entender cómo desatar el fluir del cielo. Este pasaje ha dejado una marca indeleble en mi vida. No comparto esto para alardear, pero ha llegado a ser tan real en mi vida, que parece salirse de la Biblia para entrar en mi interior. De hecho, todo el libro de Isaías llueve sobre mi vida y me profetiza todo el tiempo. Estas palabras fueron escritas hace siglos, pero son más frescas y reales que nunca antes.

Isaías 55: Una llave maestra

A todos los sedientos: Venid a las aguas; y los que no tienen dinero, venid, comprad y comed. Venid, comprad sin dinero y sin precio, vino y leche. ¿Por qué gastáis el dinero en lo que no es pan, y vuestro trabajo en lo que no sacia? Oídme atentamente, y comed del bien, y se deleitará vuestra alma con grosura. Inclinad vuestro oído, y venid a mí; oíd, y vivirá vuestra alma; y haré con vosotros pacto eterno, las misericordias firmes a David. He aquí que yo lo di por testigo a los pueblos, por jefe y por maestro a las naciones. He aquí, llamarás a gente que no cono-ciste, y gentes que no te conocieron correrán a ti, por causa de Jehová tu Dios, y del Santo de Israel que te ha honrado. Buscad a Jehová mientras puede ser hallado, llamadle en tanto que está cercano. Deje el impío su camino, y el hombre inicuo sus pensamientos, y vuélvase a Jehová, el cual tendrá de él misericordia, y al Dios nuestro, el cual será amplio en perdonar. Porque mis pensamientos no son vuestros pensa-mientos, ni vuestros caminos mis caminos, dijo Jehová. Como son más altos los cielos que la tierra, así son mis caminos más altos que vuestros caminos, y mis pensamientos más que vuestros pensamientos. Porque como desciende de los cielos la lluvia y la nieve, y no vuelve allá, sino que riega la tierra, y la hace germinar y producir, y da semilla al que siembra, y pan al que come, así será mi palabra que sale de mi boca; no volverá a mí vacía, sino que hará lo que yo quiero, y será prosperada en aquello para que la envié. Porque con alegría saldréis, y con paz seréis vueltos; los montes y los collados levantarán canción delante de vosotros, y todos los árboles del campo darán palmadas de aplauso. En lugar de la zarza crecerá ciprés, y en lugar de la ortiga crecerá arrayán; y será a Jehová por nombre, por señal eterna que nunca será raída.

(Isaías 55)

Mi agua es adoración

Mi agua es la adoración, y la lluvia de los cielos es el sustento de mi vida. La lluvia del cielo es todo lo que necesito. Así que cuando ofrezco adoración, sube en forma de agua para refrescar a mi Padre Dios. Pero cuando Él la envía de vuelta en forma de lluvia, dentro de ella está lo que yo necesite.

Porque como desciende de los cielos la lluvia y la nieve, y no vuelve allá, sino que riega la tierra, y la hace germinar y producir, y da semi-lla al que siembra, y pan al que come, así será mi palabra que sale de mi boca; no volverá a mí vacía, sino que hará lo que yo quiero, y será prosperada en aquello para que la envié. (Isaías 55:10–11)

La lluvia no es creada en el cielo. Es succionada a los cielos desde la tierra en forma de evaporación. La presión barométrica empieza a descender, haciendo subir la humedad de los océanos, lagos, y otros cuerpos de agua hacia los cielos. Esta agua se eleva desde la tierra en una forma —vapor— pero cuando regresa, es soltada en una nueva forma: ¡lluvia!

En Isaías 55, ¡Dios nos está dando una llave! *"Porque como desciende de los cielos la lluvia y la nieve, y no vuelve allá, sino que riega la tierra, y la hace germinar y producir, y da semilla al que siembra, y pan al que come, así será mi palabra que sale de mi boca".*

Nosotros somos el cuerpo de Dios en la tierra. Si Él va a hablar, lo hará a través de nosotros. Si Él se va a mover, se moverá en la tierra a través de nosotros. En todo el planeta tierra, Dios está buscando personas que reciban su Palabra en sus bocas para que pueda ser soltada: aquellos que enviarán su Palabra a los cielos a través de la alabanza y la adoración. Como el agua, conforme adoramos a Dios, esta sube en una forma, pero no regresa a Él vacía. Cumplirá lo que haya sido enviada a cumplir.

Si usted necesita ver victoria en sus finanzas, ¡comience a adorar a *Jehová Jireh*: "El Señor su Proveedor"! Conforme usted lo exalte, ¿qué cree que descenderá? La lluvia del incremento sobrenatural.

Si usted necesita sanidad, ¡adore a *Jehová Rafa*: "Dios sana"! Cuanto más adore, diciendo "Tú eres mi sanador", ¿qué cree que sucede? ¡La sanidad llueve! Al enviar hacia arriba la cosa correcta, la cosa correcta descenderá, porque lo que sube debe bajar. Conforme usted sube alabanza, eso por lo que usted está creyendo se manifestará.

[Jesús] vino, pues, a una ciudad de Samaria llamada Sicar, junto a la heredad que Jacob dio a su hijo José. Y estaba allí el pozo de Jacob. Entonces Jesús, cansado del camino, se sentó así junto al pozo. Era como la hora sexta. Vino una mujer de Samaria a sacar agua; y Jesús le dijo: Dame de beber. Pues sus discípulos habían ido a la ciudad a comprar de comer. La mujer samaritana le dijo: ¿Cómo tú, siendo judío, me pides a mí de beber, que soy mujer samaritana? Porque judíos y samaritanos no se tratan entre sí. Respondió Jesús y le dijo: Si conocieras el don de Dios, y quién es el que te dice: Dame de beber; tú le

pedirías, y él te daría agua viva. La mujer le dijo: Señor, no tienes con
qué sacarla, y el pozo es hondo. ¿De dónde, pues, tienes el agua viva?
¿Acaso eres tú mayor que nuestro padre Jacob, que nos dio este pozo,
del cual bebieron él, sus hijos y sus ganados? Respondió Jesús y le dijo:
Cualquiera que bebiere de esta agua, volverá a tener sed; mas el que
bebiere del agua que yo le daré, no tendrá sed jamás; sino que el agua
que yo le daré será en él una fuente de agua que salte para vida eterna.
La mujer le dijo: Señor, dame esa agua, para que no tenga yo sed, ni
venga aquí a sacarla. Jesús le dijo: Ve, llama a tu marido, y ven acá.
Respondió la mujer y dijo: No tengo marido. Jesús le dijo: Bien has
dicho: No tengo marido; porque cinco maridos has tenido, y el que
ahora tienes no es tu marido; esto has dicho con verdad. Le dijo la
mujer: Señor, me parece que tú eres profeta. Nuestros padres adoraron
en este monte, y vosotros decís que en Jerusalén es el lugar donde se
debe adorar. Jesús le dijo: Mujer, créeme, que la hora viene cuando ni
en este monte ni en Jerusalén adoraréis al Padre. Vosotros adoráis lo
que no sabéis; nosotros adoramos lo que sabemos; porque la salvación
viene de los judíos. Mas la hora viene, y ahora es, cuando los verdade-
ros adoradores adorarán al Padre en espíritu y en verdad; porque tam-
bién el Padre tales adoradores busca que le adoren. Dios es Espíritu; y
los que le adoran, en espíritu y en verdad es necesario que adoren. Le
dijo la mujer: Sé que ha de venir el Mesías, llamado el Cristo; cuando
él venga nos declarará todas las cosas.   (Juan 4:5–25)

Me puedo imaginar a Jesús sentado junto al pozo. ¡Usted podría decir que "el Pozo" estaba sentado en el pozo! Cuando la mujer samaritana se acercó a Él, Él le pidió que le diera agua de beber. Entonces Él reveló una poderosa perspectiva sobre el agua de la adoración. Jesús eligió usar este pozo para ilustrar cómo la adoración está conectada con el agua.

Jesús todavía esta sediento hoy, y Él está buscando personas que le lleven una bebida refrescante de agua de los pozos de adoración. Como la mujer samaritana, muchas personas hoy están siendo distraídas por el *dónde* deberían adorar y *con quién* deberían adorar. Jesús lo desglosó: nuestra adoración nunca debería ser confinada a un lugar; la adoración no es algo que hacemos solo los domingos en la iglesia. No es la banda de calentamiento para el sermón. La adoración es un estilo de vida. La adoración es un estilo de vida de derramamiento 24/7. La adoración es una libación perpetua delante del Señor. El Padre todavía está buscando adoradores verdaderos hoy, aquellos que le adorarán en espíritu y en verdad. Antes de que continúe leyendo, tome la oportunidad de ofrecerle su vida al Padre como una libación. Vierta su adoración sobre Él. Hágale saber cuánto lo ama. Cante una canción nueva de alabanza y adoración al Señor.

El U.P.L.O.A.D.[1]

U = Uprightness (Integridad)

¿Quién subirá al monte de Jehová? ¿Y quién estará en su lugar santo? El limpio de manos y puro de corazón; el que no ha llevado su alma a cosas vanas, ni jurado con engaño. (Salmos 24:3–4)

Dad a Jehová la gloria debida a su nombre; adorad a Jehová en la hermosura de la santidad. (Salmos 29:2)

La adoración pura debe originarse de la belleza de la santidad. Solo las personas íntegras pueden liberar cargas de alabanza y adoración. Quizá yo no pueda entender cómo funciona el Internet, ¡pero me alegro de que funcione! Con un clic del ratón de mi computadora, puedo enviar un correo electrónico al otro lado del mundo. ¡Es impresionante! Puedo hablar por medio de Skype con alguien que vive en un país lejano. Por supuesto, hacer esas conexiones depende de tener una transmisión desbloqueada y una señal bastante potente. Si la antena de su módem Wi-Fi está obstruida o fuera de posición, su computadora no podrá conectarse al Internet.

Del mismo modo, con la adoración hay muchos cristianos incapaces de recibir una fuerte señal del cielo, porque no están viviendo vidas íntegras. ¡Dios quiere hacerle recto! Él quiere restaurarle a un lugar de justicia.

---

1. *Upload* es una palabra en inglés que da referencia al acto de subir o cargar información a una computadora.

¿Ha visto la película *Up*? En ella, el personaje principal le pone una gran cantidad de globos de helio a su casa y esta se va volando, ¡arriba y lejos! Flota hacia el lugar a donde su amada y difunta esposa siempre quiso ir. Hay muchísima gente que nunca se levanta porque no tiene el "helio" de un espíritu íntegro.

La verdadera adoración no es horizontal; es vertical. La verdadera adoración es hacia arriba. ¿Quiere experimentar movilidad ascendente? ¿Quiere recibir un ascenso? La Biblia dice que la promoción, o exaltación, viene del Señor. (Véase Salmos 75:6–7, NVI.) Así pues, si usted desea una promoción en cualquier área de su vida, tiene que mirar hacia arriba. Codearse con la gente aquí en la tierra no le dará la movilidad de ascenso que usted espera. Usted debe "codearse" con Dios; ¡debe recargar su cabeza en el pecho de Él! ¡Cuando usted pasa tiempo con Él, la movilidad ascendente es inevitable!

P = Pasión

Debemos ser un pueblo apasionado por la oración, la alabanza y la profecía si esperamos subir alabanza. ¿Alguna vez ha comido algo que se veía bien por fuera, solo para descubrir, cuando tomó el primer bocado, que no estaba bien cocido por dentro? ¿No le resultó frustrante? Alabanza medio cocida es alabanza desconsiderada. No permita que su alabanza sea descuidada. ¡Sea apasionado! Usted no paga una buena cantidad de dinero para ver una película si sabe que le deprimirá. Usted va a ver una película porque quiere ser inspirado, quiere que su alma sea animada; desea ver a alguien emocionarse por algo. Usted no va a un partido de béisbol para ver a su equipo favorito jugar con desánimo y perder. ¡Usted quiere que su equipo lo arriesgue todo y gane! ¡Usted quiere experimentar la pasión en su vida!

Su adoración a Dios debe ser íntima y apasionante. Esto es lo que Dios anhela de usted. Esto hace que su relación con Él funcione. Si su relación con Dios está programada solamente en domingos, no funcionará. Dios desea estar íntimamente involucrado en todas las áreas de su vida. Él quiere estar involucrado en lo que usted hace, lo que usted dice, y a donde usted vaya. Él quiere ser su primer pensamiento cuando usted se despierta en la mañana y su último pensamiento antes de que usted se quede dormido. ¡Eso es pasión, y es vital para su relación con Dios!

Es una pena la manera en que algunas personas tratan a Dios. Dicen: "Lo vi la semana pasada en la iglesia. Estamos bien. Le tiré un poco de dinero en la cubeta, así que estoy bien".

¡No! Dios no es su cita de fin de semana. No lo trate como a una persona de mala reputación a quien usted le da dinero a cambio de un buen rato. Siento mucho ser crudo, pero así es como las personas tratan a Dios. Se supone que usted debe estar en pacto con Él, enamorado de Él, pasando tiempo con Él. Tiene que ser apasionado. Usted tiene que decir: "¿Qué puedo hacer por ti, Dios? ¿Cómo puedo demostrarte mi amor?". Dios sabe lo que usted desea, y Él quiere prodigar su amor profundo en usted.

¿Sabe lo que Dios quiere? ¿Lo que Él necesita? Él quiere su adoración.

A mi esposa le agrada recibir notas de amor. Se las dejo en el refrigerador. Lo primero que ella ve en la mañana es una nota diciéndole lo hermosa que ella es y cuánto la amo. Ella necesita sentirse amada. Ella también sabe que yo necesito que ella me demuestre su amor, y lo hace para mí. Estamos comunicándonos constantemente el uno con el otro con el fin de expresar nuestra pasión y amor. No estoy diciendo que somos perfectos, sino que así es como funciona una relación, y así es como debe funcionar su relación con Dios.

> Un intérprete de la ley se puso de pie con una pregunta para poner a prueba a Jesús, "Maestro, ¿qué necesito hacer para conseguir la vida eterna?". Él contestó, "¿Qué está escrito en la ley de Dios? ¿Cómo lo interpretas?". Él dijo, "Que améis al Señor vuestro Dios con toda la **pasión** y oración y fuerza e inteligencia—y que ames a tu prójimo así como a ti mismo". (Lucas 10:25–27, MSG)

> [Dios dijo,] "Pero mi siervo Caleb—es una historia diferente. Él tiene un espíritu diferente; él me sigue **apasionadamente.** Y lo traeré a la tierra que exploró y sus hijos la heredarán". (Números 14:24, MSG)

Dios demuestra que es bueno para el hombre que espera con **pasión**, a la mujer que busca con diligencia.   (Lamentaciones 3:25, MSG)

Hay más por venir: Seguimos a gritar nuestra alabanza incluso cuando estamos cercados con problemas, porque sabemos cómo los problemas pueden desarrollar paciencia **apasionada** en nosotros.   (Romanos 5:3, MSG)

Hacen muy bien en muchas cosas —confían en Dios, son articulados, son perspicaces, son **apasionados**, nos aman— ahora, hagan también lo mejor en esto.   (2 Corintios 8:7, MSG)

Porque has guardado la palabra de mi paciencia **apasionada**, te mantendré seguro en el momento de la prueba....
(Apocalipsis 3:10, MSG)

Espera **apasionadamente** por Dios, no dejes el camino. Él te dará tú lugar en el sol mientras observas a los malvados perderlo.
(Salmos 37:34, MSG)

Un día, mientras estaban **adorando** a Dios —también estaban ayunando mientras esperaban la guianza —el Espíritu Santo habló: "Toma a Bernabé y a Saulo y comisiónalos para el trabajo al que Yo les he llamado a hacer". Así que los comisionaron. En ese **círculo de intensidad** y obediencia, de ayuno y oración, impusieron sus manos sobre sus cabezas y los despidieron. Enviados a su nueva asignatura por el Espíritu Santo. Bernabé y Saulo bajaron a Seleucia y tomaron un barco a Chipre.   (Hechos 13:2–4, MSG)

Si usted desea aumentar en alabanza y adoración profética apasionada, hay algunas claves poderosas ubicadas en Hechos 13:2–4. He estado en el ministerio toda mi vida adulta y he predicado el evangelio por más de veinticinco años. He enseñado infinidad de veces sobre las verdades de Hechos 13. Pero recientemente, estaba leyendo Hechos 13 en la Biblia *The Message* cuando me di cuenta de algo que nunca había visto antes. Siempre había enseñado sobre los pasos para comisionar a Bernabé y Saulo —adoración, oración, ayuno, y el Espíritu Santo hablando a través de los profetas—, pero lo que saltó de la página hacia mi espíritu fueron estas tres palabras: "circulo de intensidad". Cuando leí esas palabras, reconocí un ingrediente que falta en la vida de muchos creyentes y en las iglesias.

Imagine la vida en el libro de Hechos. Imagínese lo que era experimentar tanta pasión e intensidad con los creyentes que no habían creído las mentiras del cristianismo cómodo y complaciente. Esos apóstoles y discípulos adoraban, ayunaban y oraban como si sus vidas dependieran de ello. ¿Por qué? Porque sus vidas estaban realmente dependiendo de eso. Estaban frente a persecución, prisión, amenazas de muerte y el riesgo de ver a sus seres queridos asesinados por causa de su alianza con Cristo. Muchos de nosotros no enfrentamos ese tipo de amenazas en la actualidad, pero aun así, deberíamos adorar, ayunar y orar como si nuestras vidas dependieran de ello. Cada creyente tiene que ser parte de un "círculo de intensidad" de por lo menos dos o tres hermanos o hermanas en Cristo, un grupo de individuos que asuman la responsabilidad de sus acciones mutuamente y se animen uno al otro a seguir a Dios con pasión.

Siempre es más fácil sobrellevar un programa de ejercicio si tiene a alguien señalándole y animándole mientras usted levanta pesas o corre. Necesitamos a alguien más que nos diga: "Usted tiene lo necesario, usted puede hacerlo; usted puede levantar la pesa una vez más; usted puede correr una milla más". Todos necesitamos a alguien que nos llame y nos diga: "¡Levántese del sofá y encuéntreme en el gimnasio!". Todos necesitamos a alguien que de vez en cuando se ponga frente a nosotros y nos urja a hacer buenas obras. Lo mismo sucede con esta búsqueda apasionada por Dios. Necesitamos un círculo de intensidad, un grupo de hermanos creyentes que nos animen diciéndonos: "Dios tiene esto; siga acercándose hacia Él; ¡siga subiendo adoración y desatando el fluir del cielo! Usted tiene una canción más dentro de usted; usted tiene un nivel más alto de alabanza; ahora, ¡alcáncelo!". Necesitamos a alguien que nos llame y nos diga: "¡Levántese de ese sofá, apague ese televisor, y encuéntreme en la casa de Dios para orar y adorar!".

Pasión. ¿Cuánta tiene usted? ¿Necesita más? Si es así, deténgase en este momento y pídale al Señor que le ayude a encontrar su círculo de intensidad. Conforme usted reciba los nombres que Dios le diga, invite a esas personas a su vida. Pídales ser parte de su círculo de intensidad. Cuando haga eso, experimentará la pasión como nunca antes. Desde su círculo de intensidad, usted y otros serán comisionados hacia las nuevas tareas que impactarán muchas vidas para la gloria de Dios.

L = Lavishness (Generosidad)

> Recuerde: Un sembrador escaso obtiene una cosecha escasa; un sembrador **generoso** obtiene una cosecha **generosa**.
>
> (2 Corintios 9:6, MSG)

Viva un estilo de vida de adoración generosa. ¡Generosamente derrame su amor sobre Dios! Si usted quiere cargar alabanza, tiene que exagerar. Las cargas no suceden en líneas limitadas de comunicación; eso tardaría una eternidad. Sin embargo, así es como muchas personas viven: en una señal débil. No es generoso, no es intenso. Si quiere un intenso avance, usted necesita adoración intensa. Si quiere un intenso fluir desde los cielos —señales, prodigios y milagros, incluyendo la resurrección de los muertos y la sanidad de los enfermos solo por ser expuestos a su sombra—, debe mostrar un amor generoso a Dios. "¡Te amo, Dios; te exalto; te magnifico! ¡Cuando me despierto, yo te magnifico!". Eso es lo que David diría. "Temprano por la mañana, al mediodía, y por la noche te adoraré." (Véase Salmos 55:17).

Cada día, necesitamos decir: "¿Qué puedo hacer por ti, Jesús? ¿Cómo puedo servirte hoy? ¿Cómo puedo amarte? ¡Yo te lo traigo! ¡Yo tocaré a esa persona por ti!". Esa es una vida cargada. No importa lo que esté enfrentando o pasando, derrame su amor sobre Él. Su Padre celestial prodigó su amor sobre usted a través del regalo de su Hijo unigénito. Jesús le prodigó su amor al entregar su vida por usted en la cruz. Dios prodiga provisiones para usted cada día. Le prodiga compasión y amor extravagante. Si usted quiere derramar su amor sobre el Señor, ¡entréguele su vida a través de un modo de vivir de generosa adoración!

Estos tiempos difíciles son insignificantes comparados con los buenos tiempos venideros, la **generosa** celebración preparada para nosotros. (2 Corintios 4:17, MSG)

[Dios] quiso que entráramos a la celebración de su **generosa** entrega de regalos por la mano de su amado Hijo. (Efesios 1:6, MSG)

Enumeraré los tratos de gracia de Dios, todas las cosas que Dios ha hecho que deben ser alabadas, todos los **generosos** dones de Dios, su gran bondad a la casa de Israel —la compasión **prodigada**, el amor extravagante—. (Isaías 63:7, MSG)

El nunca apartará de los justos sus ojos; **generosamente** los honra, los promueve sin cesar. (Job 36:7, MSG)

Yo corregiré su rebeldía. Los amaré **generosamente**. (Oseas 14:4, MSG)

Contesten esta pregunta: El Dios que les provee **generosamente** con su presencia, su Espíritu Santo, haciendo obras en sus vidas que no podrían hacer por ustedes mismos, ¿las hace debido a su esfuerzo moral o porque confían en Él para hacerlas en ustedes? (Gálatas 3:5, MSG)

Cuando se manifieste el Príncipe de los pastores, y venga abiertamente con su dominio, Él verá que vosotros lo han hecho bien y les elogiará **generosamente**. (1 Pedro 5:4, MSG)

O = Ofrenda

Yo con todas mis fuerzas he preparado para la casa de mi Dios, oro para las cosas de oro, plata para las cosas de plata, bronce para las de bronce, hierro para las de hierro, y madera para las de madera; y piedras de ónice, piedras preciosas, piedras negras, piedras de diversos colores, y toda clase de piedras preciosas, y piedras de mármol en abundancia. Además de esto, por cuanto tengo mi afecto en la casa de mi Dios, yo guardo en mi tesoro particular oro y plata que, además de todas las cosas que he preparado para la casa del santuario, he dado para la casa de mi Dios: tres mil talentos de oro, de oro de Ofir, y siete mil talentos de plata refinada para cubrir las paredes de las casas; oro, pues, para las cosas de oro, y plata para las cosas de plata, y para toda la obra de las manos de los artífices. ¿Y quién quiere hacer hoy ofrenda voluntaria a Jehová? Entonces los jefes de familia, y los príncipes de las tribus de Israel, jefes de millares y de centenas, con los administradores de la hacienda del rey, ofrecieron voluntariamente. Y dieron para el servicio de la casa de Dios cinco mil talentos y diez mil dracmas de oro, diez mil talentos de plata, dieciocho mil talentos de bronce, y cinco mil talentos de hierro. Y todo el que tenía piedras preciosas las dio para el tesoro de la casa de Jehová, en mano de Jehiel gersonita. Y se alegró el pueblo por haber contribuido voluntariamente; porque de todo corazón ofrecieron a Jehová voluntariamente. (1 Crónicas 29:2–9)

De todos los personajes de la Biblia, yo diría que David sería la mejor personificación de lo que significa ser un verdadero adorador. David nos enseñó con el ejemplo que una de las principales formas de adorar es a través de la generosidad extravagante. Él guió a su familia y a la nación de Israel a dar la mayor ofrenda que se haya registrado jamás en la historia. Si él tuviera que hacer esa ofrenda en la actualidad, ¡estaría estimada en un valor de $1.499.507.426! ¡Eso sí es una ofrenda! Deberíamos seguir el ejemplo de David y derramar nuestro amor sobre el Señor con ofrendas extravagantes.

Recuerden: Un sembrador escaso obtiene una cosecha escasa, un sembrador abundante obtiene una cosecha abundante. Quiero que cada uno de ustedes se tome el tiempo para pensarlo, y decidan lo que darán. Eso les protegerá de tristezas y presiones. Dios ama al dador que se goza en el dar. Dios puede derramar bendiciones de maneras sorprendentes para que estén preparados para lo que sea y para todo, más que dispuestos a hacer lo que hay que hacer. Como un salmista dijo, Él hace todo lo posible, dándole a los necesitados sin mesura. Su justicia, su dar justo nunca se extingue, nunca se termina. Este Dios tan generoso le da semilla al que siembra y se convierte en pan para sus alimentos es más que extravagante con ustedes. Él les da algo que ustedes pueden dar, que crecerá en vidas plenas, robustas en Dios, ricas en todo aspecto, para que puedan ser generosos en todo sentido, produciendo con nosotros gran alabanza para Dios. Llevar a cabo este trabajo de ayuda social implica mucho más que ayudar a satisfacer las necesidades básicas de los cristianos pobres. También produce una gratitud abundante y generosa hacia Dios. Esta ofrenda de ayuda es una incitación a vivir en lo mejor, mostrando su gratitud a Dios al ser abiertamente obedientes al significado llano del Mensaje de Cristo. Ustedes demuestran su gratitud a través de ofrendas generosas para con los hermanos y hermanas necesitados, y realmente con todo el mundo. Mientras tanto, movidos por la extravagancia de Dios en sus vidas, van a responder con la oración por ustedes en intercesión apasionada por cualquiera de sus necesidades. ¡Gracias a Dios por este don, el don! ¡Ningún lenguaje puede alabarlo lo suficiente!   (2 Corintios 9:6–15, MSG)

El dar ofrendas es una de las formas más poderosas en que podemos adorar a Dios. Siempre hay que estar en la búsqueda de oportunidades para ofrendar. Si yo quiero vivir una vida que desate el fluir del cielo, tengo que entender que realmente es más bienaventurado dar que recibir. Mi vida tiene que convertirse en una ofrenda. Jesús quiere que seamos libaciones. No es solo lo que traigo al plato de la ofrenda; mi propia vida es también una ofrenda.

Había un hombre llamado Cornelio, que vivía en Cesárea, capitán de la Guardia Italiana desplegada ahí. Él era un buen hombre.

Había enseñado a todos en su casa a vivir en adoración constante delante de Dios, siempre estaba ayudando a la gente en sus necesidades, y tenía el hábito de orar.   (Hechos 10:1–2, msg)

Cornelio ejemplifica lo que significa dirigir a otros en un estilo de vida de adoración y de dar. Su estilo de vida fue el responsable en última instancia de los encuentros celestiales que llevarían a su familia al reino de Dios. Si usted quiere llevar a su familia y sus amigos al reino de Dios, viva un estilo de vida de adoración y de dar.

A = Avalúo

Doxa es una palabra griega para adoración refiriéndose a "una opinión o una estimación relativa a alguien que resulta en alabanza, honor, esplendor, brillo, excelencia y preeminencia, dignidad, gracia y majestad". La adoración *doxa* es un avalúo de Dios.

¿Cuánto calcula que Dios vale? ¿Cuál es su estimación de Él y de su gloria? No hace mucho tuvimos un accidente automovilístico, y un perito valuador de seguros fue enviado para evaluar el daño de nuestro auto. Después de la inspección, la empresa nos envió un cheque para pagar las reparaciones necesarias. Ellos tuvieron que calcular y evaluar el monto del daño. Cuando compro una casa, un avalúo de la misma nos da la capacidad de presentarle al banco la información que resultará en un préstamo para la compra de esa casa. El avalúo identifica lo que yo debería pagar por ella. No quiero pagar más del valor valuado. Si soy inteligente, trataré de convencer al vendedor de reducir el precio a una cantidad menor del valor estimado.

Hay personas cuyo avalúo de Dios es demasiado bajo. Su *doxa* de Dios es demasiado baja. Tenemos que llegar a un punto en el que nuestra valoración de Dios lo considere digno de alabanza. Nuestra valoración de Dios debiera ser tan alta que estemos dispuestos a inclinarnos, que estemos dispuestos a danzar y alabar. Necesitamos darle a Él la debida adoración.

Llegará a un lugar con Dios donde Él es todo para usted y usted es nada sin Él. Inclínese delante de Él. Si usted alaba a Dios como si le estuviera haciendo un favor, o como si se tratase más de usted que de Él, entonces desaprovechará su carga. ¡Su adoración necesita ser una ofrenda espléndida! Su corazón no puede permanecer lejos de Él. No puede adorarlo de dientes para afuera. No puede alabarle en serio y permanecer lejos de Él. Cuando usted se ha posicionado en un lugar de expresión genuina, hay una diferencia en su alabanza. Debe poner su corazón, sus emociones y su amor profundo en sus palabras. Por eso tiene que asistir a la iglesia. Si su corazón está enfocado en el restaurante, en la pila de facturas por pagar, o en el juego de pelota, entonces no está enfocado en Dios.

¿No se irrita cuando usted está haciendo algo en su computadora y se le pierde la señal inalámbrica? Cuando eso sucede, usted pierde lo que estaba haciendo en ella. Cuando lo mismo le sucede a su alabanza hacia Dios, ¿no cree usted que eso también le decepciona a Él? Usted está cargando alabanza cuando, repentinamente, se distrae y se desconecta. Así es como Dios lo ve. Empezamos a adorarle, pero entonces nos llega un mensaje de texto. Estamos adorándole, pero entonces el teléfono suena. Estamos adorándole, pero necesitamos mirar nuestro teléfono o iPad. Cuando nos distraemos en nuestra adoración, el resultado que obtenemos es un fluir del cielo lento o fallido. ¡En lugar de ser adoradores distraídos, necesitamos ser adoradores davídicos! Entonces experimentaremos un fluir de alta velocidad de la gloria del cielo a nuestras vidas.

¡Su avalúo de Dios es un avalúo recíproco, en el que usted mismo es evaluado! Si mi valoración de Dios es baja, entonces mi valoración de su casa es baja. Entonces, mi avalúo de Dios se convierte en un avalúo recíproco de mi propia vida. Si yo no lo valoro a Él, no me valoro a mí mismo. Si yo no pongo el valor correcto en mi pacto con Dios, no valoraré mi propio matrimonio. Mi avalúo de Dios fluye hacia cada relación que yo tengo.

Quiero que mi *doxa* de Dios esté por las nubes. Quiero subir un avalúo de Dios, el mejor avalúo que yo pueda ofrecer. De hecho, si yo le alabo a lo mejor de mi capacidad, todavía no sería suficiente. Así que tengo que darle lo mejor que tengo. Esto se convierte en mi sacrificio de alabanza. Podemos echar un vistazo a como es el cielo a través de los ojos de Juan en el siguiente pasaje:

Después de esto miré, y he aquí una puerta abierta en el cielo; y la primera voz que oí, como de trompeta, hablando conmigo, dijo: Sube

*acá, y yo te mostraré las cosas que sucederán después de estas. Y al
instante yo estaba en el Espíritu; y he aquí, un trono establecido en el
cielo, y en el trono, uno sentado. Y el aspecto del que estaba sentado
era semejante a piedra de jaspe y de cornalina; y había alrededor del
trono un arco iris, semejante en aspecto a la esmeralda. Y alrededor
del trono había veinticuatro tronos; y vi sentados en los tronos a veinticuatro ancianos, vestidos de ropas blancas, con coronas de oro en sus
cabezas. Y del trono salían relámpagos y truenos y voces; y delante del
trono ardían siete lámparas de fuego, las cuales son los siete espíritus
de Dios. Y delante del trono había como un mar de vidrio semejante
al cristal; y junto al trono, y alrededor del trono, cuatro seres vivientes
llenos de ojos delante y detrás. El primer ser viviente era semejante a
un león; el segundo era semejante a un becerro; el tercero tenía rostro
como de hombre; y el cuarto era semejante a un águila volando. Y
los cuatro seres vivientes tenían cada uno seis alas, y alrededor y por
dentro estaban llenos de ojos; y no cesaban día y noche de decir: Santo,
santo, santo es el Señor Dios Todopoderoso, el que era, el que es, y el
que ha de venir. Y siempre que aquellos seres vivientes dan gloria y
honra y acción de gracias al que está sentado en el trono, al que vive
por los siglos de los siglos, los veinticuatro ancianos se postran delante
del que está sentado en el trono, y adoran al que vive por los siglos de
los siglos, y echan sus coronas delante del trono, diciendo: Señor, digno
eres de recibir la gloria y la honra y el poder; porque tú creaste todas
las cosas, y por tu voluntad existen y fueron creadas.*

(Apocalipsis 4:1–11)

Como he dicho antes, tuve un encuentro con el Señor en mi adolescencia a los dieciséis años de edad, en una iglesia de Wisconsin. Él abrió
el cielo, y caí de rodillas. Oí el cielo; oí adoración como nunca la había
escuchado antes. Oí los sonidos de su presencia. Él dijo: "¡Adórame! Es el
lugar más cercano sobre la tierra a mí. ¡Enséñale a mi pueblo a adorarme!".
Desde ese lugar de adoración, desde ese lugar de intimidad, he procurado
vivir mi vida. Este pasaje nos da una idea de eso, a medida que Él comienza
a decirnos que al igual que una adoración apasionada se efectúa alrededor
de su trono, también necesitamos ver eso aquí en la tierra.

Señor, digno eres de recibir la gloria y la honra y el poder; porque tú creaste todas las cosas, y por tu voluntad existen y fueron creadas.

(Apocalipsis 4:11)

Recuerde esta aseveración: *"Por tu voluntad existen y fueron creadas".* Usted fue creado para subir alabanza profética y adoración y para desatar el fluir del cielo a la tierra. Cuando se dé cuenta de que ha sido creado para el placer de Dios, usted experimentará lo que yo denomino un "cambio de domicilio". Pasará de los carriles lentos del "círculo de pobreza" a los carriles de alta velocidad de la I-320, o de la E-320; ¡lo que se conoce como Efesios 3:20!

Y Aquel que, por (en consecuencia de) el [acción de su] poder que está operando en nosotros, es capaz de [cumplir su propósito y] hacerlo abundantemente, más allá y por encima de todo lo que nosotros [nos atrevemos] pedimos o pensamos [infinitamente más allá de nuestras más altas oraciones, deseos, pensamientos, esperanzas o sueños] —a Él sea la gloria en la iglesia y en Jesucristo por todas las generaciones por los siglos de los siglos—. Amen (así sea). (Efesios 3:20–21, AMP)

El ladrón viene para robar y matar y destruir. Yo he venido para que tengan y disfruten vida, y que la tengan en abundancia (al máximo, hasta que rebose). (Juan 10:10, AMP)

Un ladrón solo está allí para robar y matar y destruir. Yo vine para que ustedes tengan una vida verdadera y eterna, más y mejor vida de lo que jamás soñaron. (Juan 10:10, MSG)

La vida abundante es un fluir de esa gloria que chapotea de sus zapatos a dondequiera que usted camine. Usted estará impregnado de la presencia de Él. ¿Por qué? Porque envió evaporación, alabanza profética, arriba al cielo, y entonces regresa en forma de lluvia. Usted podrá decirles a sus vecinos y compañeros de trabajo: "¿Qué necesita? ¿Sanidad? ¡Acérquese a mí, porque he estado pasando tiempo con el Sanador! ¡Necesita victoria en sus finanzas? Pase tiempo conmigo, porque he estado con el Dios que es dueño de todo. ¿Necesita favor? Yo me he estado codeando con el Rey de Reyes; he estado recostando mi cabeza en su pecho y amándolo. ¡Da la casualidad de que yo conozco a Alguien que puede hacer algo por usted! No proviene de aquí de la tierra; viene de pasar tiempo con Él".

Mas buscad primeramente el reino de Dios y su justicia, y todas estas cosas os serán añadidas.   (Mateo 6:33)

D = Demostración

Demostrar algo es probar claramente su existencia por medio de ofrecer pruebas. Es mostrar o expresar algo por medio de sus propias acciones.

Por ejemplo, Dios demostró su amor para con nosotros, sus hijos, al enviar a su Hijo Jesús a morir por nuestros pecados.

Dios fue al grano cuando Él envió a su propio Hijo. No trató el problema como algo lejano y sin importancia. En su Hijo, Jesús, Él personalmente tomó la condición humana, entró en el caos desordenado de las batallas de la humanidad para establecerla en orden de una vez por todas. El código de la ley, debilitado como siempre por la fracturada naturaleza humana, nunca podría haber hecho eso. La ley siempre terminó siendo usada como un curita sobre el pecado en lugar de una profunda curación de la misma. Y ahora lo que el código de la ley pidió pero que no podíamos entregar se lleva a cabo conforme nosotros, en lugar de redoblar nuestros propios esfuerzos, simplemente aceptamos lo que el Espíritu está haciendo en nosotros. Aquellos que piensan que lo pueden hacer por si mismos terminan obsesionados con la medición de su propia fuerza moral pero nunca llegan a ejercitarlo en la vida real. Aquellos que confían en la acción de Dios en ellos descubren que el Espíritu de Dios está en ellos —¡Dios viviendo y respirando!—. La obsesión con uno mismo en estos asuntos es un camino sin salida; la atención a Dios nos guía a lo abierto, a una vida espaciosa y libre. Centrarse en uno mismo es lo opuesto a centrarse en Dios. Cualquiera completamente absorto en sí mismo ignora a Dios, termina pensando más en sí mismo que en Dios. Esa persona ignora quién es Dios y lo que Él está haciendo. Y Dios no se complace en ser ignorado. Pero si Dios mismo ha tomado residencia en sus vidas, será muy difícil que ustedes estén pensando más en ustedes mismos que en Él. Cualquier persona, por supuesto, que no se ha acogido a este Dios invisible pero claramente presente, el Espíritu de Cristo, no sabrá de lo que estamos hablando. Pero para los que le dan la bienvenida, en quienes Él habita —a pesar de que siguen teniendo las limitaciones del pecado— ustedes mismos experimentan la vida en los términos de Dios. Es lógico, ¿no es así, que si el Dios vivo y presente que levantó a Jesús de la muerte se mueve hacia sus vidas, Él hará lo mismo en ustedes como lo hizo en Jesús, trayéndoles vivos hacia sí mismo? Cuando Dios vive y respira en ustedes (y Él lo hace, tan cierto como Él lo hizo en Jesús), ustedes son liberados de esa vida muerta. ¡Con su Espíritu viviendo en ustedes, sus cuerpos estarán vivos como el de Cristo! Esta vida de resurrección que han recibido de Dios no es una vida tímida, tendiente a la tumba. Es intrépidamente expectante, saludar a Dios con un infantil "¿Qué sigue, Papá?". El Espíritu de Dios toca nuestros espíritus y confirma quienes somos realmente. Sabemos quién es Él, y sabemos quiénes somos; Padre e hijos. Y sabemos que obtendremos lo que viene a nosotros —¡una herencia increíble!—. Pasamos exactamente a través de lo que Cristo pasa. ¡Si pasamos por tiempos difíciles con Él, entonces ciertamente vamos con Él a través de los buenos tiempos!

(Romanos 8:3–11, 15–17, MSG)

Primera de Reyes 4:29–34 es un despliegue maravilloso de la gloria y el poder de Dios. "Dios le dio a Salomón sabiduría…" (1 Reyes 4:29, MSG). ¡Deténgase un minuto! ¿Qué nos ha dicho Dios sobre la sabiduría?

Y si alguno de vosotros tiene falta de sabiduría, pídala a Dios, el cual da a todos abundantemente y sin reproche, y le será dada.

(Santiago 1:5)

Este versículo es una de mis oraciones diarias: "¡Dios, necesito más sabiduría!". Continuemos en 1 Reyes 4:

Dios le dio a Salomón sabiduría —el más profundo entendimiento y el más grande de los corazones—. No había nada más allá de él, nada que no pudiera manejar.   (1 Reyes 4:29, MSG)

¡Dios, yo quiero ser así!

La sabiduría de Salomón superó a la tan loada sabiduría de los hombres sabios del Este, superó a la famosa sabiduría de Egipto. Él era más sabio que nadie —más que Etan el ezraíta, más sabio que Eman, más sabio que Calcol, y Darda los hijos de Mahol—. Fue tan famoso sobre los alrededores de todas las naciones. Creó 3,000 proverbios; sus cantos suman 1,005. Sabía todo sobre las plantas, desde el gran cedro que crece en Líbano hasta el pequeño hisopo que nace en las cuarteaduras de las paredes. El entendió todo sobre los animales y pájaros, reptiles y peces. Enviados por reyes de toda la tierra que habían oído sobre su reputación, venían de lejos y de cerca para escuchar la sabiduría de Salomón.   (1 Reyes 4:30–34, MSG)

¡Hablemos sobre demostración! ¿Cuántos de ustedes anhelan más sabiduría? La sabiduría es una demostración de la gloria de Dios. Pero debemos recordar que va más allá de la sabiduría humana. Es importante que demostremos el reino por medio de despliegues sobrenaturales del poder de Dios. Para ello, debemos vivir por el Espíritu y no por nuestras propias cabezas. No podemos apoyarnos en nuestro propio entendimiento y conocimiento técnico. (Véase Proverbios 3:5–6). Este es un requisito indispensable si vamos a levantar discípulos con una fe fuerte en el poder de Dios y no en su propia sabiduría.

*Y ni mi palabra ni mi predicación fueron con palabras persuasivas de humana sabiduría, sino con **demostración** del Espíritu y de poder, para que vuestra fe no esté fundada en la sabiduría de los hombres, sino en el poder de Dios.*   (1 Corintios 2:4–5)

Porque el Camino de Dios no consiste en meras habladurías; es una vida con poder.   (1 Corintios 4:20, MSG)

2

CONVIRTIÉNDOSE EN UN GOBERNADOR DE ALABANZA

Sabía usted que alabar y adorar a Dios es una de las cosas más poderosas que puede hacer? Muchas iglesias consideran la alabanza y la adoración solo una parte de los pasos preliminares en un culto, o en el mejor de los casos lo consideran algo que prepara a la gente para escuchar la Palabra de Dios. Cuando la mayoría de los cristianos piensan en marcar la diferencia en su mundo, inmediatamente piensan en cosas como misiones, ayuda social, oración o actos de servicio. A pesar de que estos ministerios son importantes y necesarios en el cuerpo de Cristo, lo que realmente se necesita para sacudir a las naciones y cambiar vidas en este día y en esta hora es que la gente de Dios se convierta en lo que yo llamo "gobernadores de alabanza".

Echemos un vistazo a un pasaje bíblico que explica este concepto:

En aquel día pondré a los capitanes ["gobernadores", en la versión en inglés King James] de Judá como brasero de fuego entre leña, y como

antorcha ardiendo entre gavillas; y consumirán a diestra y a siniestra
a todos los pueblos alrededor; y Jerusalén será otra vez habitada en su
lugar, en Jerusalén. (Zacarías 12:6)

En la primera frase de este versículo, el Señor menciona a los "gobernadores de Judá". Judá era una de las doce tribus de Israel, pero las profecías que se relacionan con estas tribus son aplicables a nosotros como la iglesia actual, como un tipo del "nuevo Israel". El nombre de *Judá* en realidad significa "alabanza".[2] Así que este versículo está describiendo lo que sucederá cuando los gobernadores de Judá, los gobernadores de alabanza, se levanten y comiencen a cumplir el trabajo que Dios ha destinado para ellos.

Dios quiere que usted, yo, y todos los miembros de su iglesia hoy día nos convirtamos en "gobernadores de alabanza". Él dice que *"en aquel día"* —creo que ese día es ahora— *pondré a los capitanes de Judá* [gobernadores de alabanza] *como brasero de fuego entre leña, y como antorcha ardiendo entre gavillas".* La palabra *"antorcha"* también significa *relámpago.* ¿Sabía usted que hay relámpagos alrededor del trono de Dios? (Véase, por ejemplo, Apocalipsis 4:5). Un rayo es una poderosa descarga de energía. ¡Cosas suceden alrededor del trono de Dios! Destinos son liberados; promesas son cumplidas; y territorios son tomados para el reino de Dios. ¡Cuando los gobernadores de alabanza de Dios comienzan a levantarse, los relámpagos comienzan a pegar en los cielos! Las cosas comienzan a cambiar en las atmósferas para que la gente pueda ser puesta en libertad.

Zacarías 12:6 continúa: *"Consumirán a diestra y siniestra a todos los pueblos alrededor…".* La palabra *"pueblos"* en esta ocasión significa "naciones".[3] ¿Quiere ver a las naciones venir y someterse a la gloria de Dios? La Palabra dice que el conocimiento de la gloria del Señor cubrirá la tierra como las aguas cubren la mar. (Véase Habacuc 2:14). Pero eso no sucederá hasta que los gobernadores de alabanza de Dios se levanten y comiencen a habitar Jerusalén a través del poder del Espíritu de Dios.

La Biblia dice que estamos sentados junto con Cristo en lugares celestiales.

---

2. *Concordancia Strong* #H3063.
3. *Concordancia Strong* #H5971.

Pero Dios, que es rico en misericordia, por su gran amor con que nos amó, aun estando nosotros muertos en pecados, nos dio vida juntamente con Cristo (por gracia sois salvos), y juntamente con él nos resucitó, y asimismo nos hizo sentar en lugares celestiales con Cristo Jesús. (Efesios 2:4–6)

Esto significa que debemos tomar un papel gubernamental en nuestra alabanza. Nuestra alabanza no se supone que deba ser solo palabras pronunciadas desde una posición de derrota aquí en la tierra. ¡No! Se supone que nuestra alabanza debe efectuarse desde una posición de victoria, desde lo alto de los cielos, sentados en esos lugares mirando hacia abajo al enemigo. No vemos al enemigo aquí en la tierra para profetizar contra algo que está sobre nosotros, sino que tomamos nuestros lugares como jueces y como gobernadores en los cielos. Nosotros declaramos contra esas fuerzas de las tinieblas que están debajo de nuestros pies. La Biblia dice que Dios ha puesto todas las cosas debajo de los pies de Jesús. (Véase 1 Corintios 15:25, 27; Efesios 1:22; Hebreos 2:8). Pero la Palabra también dice: *"El Dios de paz aplastará en breve a satanás bajo vuestros pies"* (Romanos 16:20). ¿Está listo para ver a satanás aplastado debajo de sus pies? No sé si usted calce el número 11, o el número 12, o aún el número 4. ¡No importa! Cuando usted se convierte en un gobernador de alabanza, ¡Dios comienza a aplastar a satanás debajo de sus pies y usted comienza a caminar en victoria!

¡Calle al diablo!

Muchos cristianos tienen este común malentendido sobre la alabanza: "El alabar a Dios me edifica y me ayuda a fortalecer mi espíritu". Mientras que eso es cierto, no es todo lo que la alabanza y la adoración hacen.

Echemos un vistazo a un versículo que nos dará una mayor comprensión de lo que exactamente ocurre cuando alabamos y adoramos a Dios.

De la boca de los niños y de los que maman, fundaste la fortaleza ["alabanza", NVI], a causa de tus enemigos, para hacer callar al enemigo y al vengativo. (Salmos 8:2)

Cuando Jesús citó este pasaje, Él precisamente dijo: *"De la boca de los niños y de los que maman perfeccionaste la alabanza"* (Mateo 21:16). Así, vemos que les palabras *fuerza* y *alabanza* son sinónimos. Cuando usted alaba a Dios, usted recibe fuerza. Si usted necesita fuerza, ¡necesita alabar a Dios! La Biblia dice que el gozo del Señor es su fortaleza, y usted recibe gozo en la presencia del Señor. (Véase Nehemías 8:10). En su presencia hay plenitud de gozo y vida para siempre. (Véase Salmos 16:11). Dios habita en las alabanzas de su pueblo. (Véase Salmos 22:3). Así que si usted quiere más gozo en su vida, necesita más de la presencia de Dios. Una vez que reciba su presencia, recibirá gozo y fuerza para las batallas que enfrenta.

La *Nueva Versión Internacional* replantea Mateo 21:16 como sigue a continuación: *"En los labios de los pequeños y de los niños de pecho has puesto la perfecta alabanza"*. Cuando observamos el Salmo 8:2 en su contexto original, quizá pudiéramos preguntar: "¿Por qué razón ha ordenado Dios alabanza?". La respuesta es clara: a causa de los enemigos del Señor.

Esto contradice directamente la idea de que la alabanza es solamente para nosotros; o incluso para el beneficio de Dios. Pero Dios lo ha dejado bien claro: Él ha ordenado alabanza para que nosotros podamos vencer a los enemigos de Dios; para que paralicemos al enemigo y al vengador. En otras palabras, ¡Dios ha ordenado alabanza para que podamos callar al diablo! ¿Quiere callar al diablo y mantener su voz fuera de su vida? ¡La manera de hacerlo es a través de la alabanza y la adoración de Dios!

Hay alabanza gubernamental. Este es el rol que usted puede tomar en los cielos. Usted puede tomar su lugar con Cristo en la dimensión espiritual y comenzar a declarar las alabanzas de Dios. Esto sugiere que existe una importancia atribuida a las palabras que usted habla. Alabar a Dios no incluye el decir: "Oh Señor, por favor, te ruego…"; o: "Oh Dios, no sé si tú vas a cumplir tus promesas…"; o: "Es que no sé si esto es tu voluntad…". ¡No! La alabanza sabe cuál es la voluntad del Padre, y la proclama en la tierra. ¡Cuando la verdadera alabanza sale, silencia al enemigo!

Cuando usted verdaderamente esté alabando y adorando al Dios vivo, no habrá lugar en su vida para el temor. Usted no tendrá ningún temor del diablo o de lo que él pueda hacerle porque sabrá que el que está en usted es mayor que el que está en el mundo. (Véase 1 Juan 4:4). Usted sabrá más allá de toda sombra de duda que todos los planes de Dios para usted son buenos, y no malos, y que cuando está gobernando su vida y el territorio alrededor que le rodea con alabanza, ¡la voluntad de Dios y sus buenos planes se cumplirán!

Los gobernadores de alabanza son demasiado calientes para tocar

¿Quiere ser demasiado caliente para que el diablo le toque? ¿Quiere ser demasiado audaz para que él le detenga? Veamos nuevamente nuestro pasaje clave para ver cómo podemos evitar que el enemigo obtenga cualquier tipo de afiance en nuestras vidas; por medio de la alabanza:

*En aquel día pondré a los [gobernadores] **de Judá** como **brasero** de fuego entre leña, y como antorcha ardiendo entre gavillas; y consumirán a diestra y a siniestra a todos los pueblos alrededor; y Jerusalén será otra vez habitada en su lugar, en Jerusalén.* (Zacarías 12:6)

La palabra "*brasero*" también puede ser traducida como *fogón*.[4] En los tiempos del Antiguo Testamento, un fogón era una hornilla para los carbones o una caldera para cocinar. Dios dice que Él nos hará como "fogones de fuego"; en otras palabras, Él nos convertirá en lugares que "cocinan las cosas" para su reino. ¡Él quiere que nosotros aumentemos el calor en la cocina y hacerla tan caliente que el diablo no pueda soportar estar en ella ni un momento más!

Desgraciadamente, en la actualidad hay muchas iglesias que están tibias; su alabanza y adoración es tan débil que el diablo se ha instalado ahí. ¿Sabía usted que puede permitir que la alabanza y la adoración en su iglesia sean tan "amigables para el usuario" que se vuelvan poco amigables para Dios? La adoración no se trata de nosotros; es todo sobre Él y lo que Él *puede* hacer y *hará* por medio de nosotros cuando hacemos de Él y de su autoridad nuestra prioridad número uno. Necesitamos llegar a ser

---

4. *Concordancia Strong* #H3595.

amigables para Dios y sensibles al Espíritu Santo en lugar de ser amigables para el usuario y considerados para con el buscador. En lugar de estar preocupados por el número de personas que podemos meter en el edificio, necesitamos estar enfocados en cuánto de *Dios* podemos atraer por medio de nuestra adoración. Después de todo, ¡cuando Él es realmente exaltado es cuando todo será atraído hacia Él!

Se nota la diferencia cuando usted entra en una casa donde los gobernadores de alabanza están operando. ¡Los diablos no pueden habitar en ese lugar! Allí la gente clama: "¡Levántese Dios, sean esparcidos sus enemigos!". (Véase Salmos 68:1). Cuando usted está en una iglesia donde Dios se está levantando en medio del pueblo, sus enemigos son esparcidos. Ellos no pueden habitar en la presencia de Él. Es maravilloso estar en un servicio en una iglesia donde la presencia de Dios es bienvenida. La enfermedad y los padecimientos no pueden permanecer en esa reunión. Cuando alguien llega con cáncer o algún tipo de enfermedad, esta no puede permanecer porque la presencia de Dios abruma al adversario.

¡Eso es lo que sucede cuando usted *le sube a la llama*! Dios quiere que seamos un fuego para Él, porque cuando lo somos, suceden milagros, señales y maravillas. El problema viene cuando somos tibios: ni fríos ni calientes. En Apocalipsis 3 Jesús dijo que si éramos tibios, Él nos vomitaría de su boca. (Véase Apocalipsis 3:16). En la actualidad, muchas iglesias son tibias. Jesús quiere que seamos calientes. Debemos decidir si nosotros estamos adentro o afuera. ¿Está en esto para ganarlo? ¿O solo está intentando sobrevivir hasta mañana, cuando se levantará y hará lo mismo una y otra vez?

Otro de los significados de la palabra "*brasero*" en la lengua hebrea es "plataforma, estrado". Dios estaba diciendo que Él haría de los gobernadores de Judá —los gobernadores de alabanza— una plataforma o un estrado, desde el cual Él podría hacer proclamaciones. ¡Dios quiere dar sus comunicados al mundo por medio de nosotros: sus gobernadores de alabanza! Cuando Él libere esos decretos y declaraciones desde nuestros púlpitos, silenciará al enemigo en nuestra región. Mire, nuestra alabanza no es solamente para la casa de Dios, desde la que procede, es para salir a la atmósfera y provocar cambios sobre las naciones del mundo.

La palabra *"antorcha"* en Zacarías 12:6 también tiene un significado especial. Se deriva de una raíz hebrea que significa "brillar".[5] ¡Dios quiere que nos levantemos y brillemos en medio de su pueblo, hoy!

> *Levántate, resplandece; porque ha venido tu luz, y la gloria de Jehová ha nacido sobre ti. Porque he aquí que tinieblas cubrirán la tierra, y oscuridad las naciones; mas sobre ti amanecerá Jehová, y sobre ti será vista su gloria. Y andarán las naciones a tu luz, y los reyes al resplandor de tu nacimiento.* (Isaías 60:1–3)

Nuestra luz ha llegado, y la gloria del Señor ha nacido en nosotros. La palabra hebrea para *"antorcha"* en Zacarías 12:6 también significa una "lámpara… ardiendo". ¿Está listo para ver algo incendiarse y comenzar a arder dentro de usted? La mayoría de nosotros, cuando fuimos salvos, nos sentimos como anegados de pasión y fervor. Pero con el tiempo, a menos que seamos cuidadosos, la pasión puede comenzar a morir. ¿Recuerda el fervor que solía tener por Dios? ¿Recuerda cuando usted simplemente no podía esperar para entrar en la presencia de Dios? Tenía que estar en la casa de Dios. Tenía que estar en oración. Tenía que leer la Biblia. Hoy, Dios está buscando personas que retornen a ese lugar donde se consumen con la pasión por Dios, por su casa y por la oración.

Zacarías 12:6 nos dice en dónde debe ser encendida la antorcha: *"entre gavillas".* La palabra hebrea para "gavilla" también significa "un puñado".[6] ¿Quiere ver que la mano de Dios le envuelva? Cuando tenemos un puñado, una comprensión de los propósitos de Dios en su cuerpo, entonces la mano de Dios, o los cinco ministerios (véase Efesios 4:11), comenzarán a operar como nunca antes, trayendo el cambio como un relámpago en la región.

Un brasero en el fogón y una antorcha ardiendo entre las gavillas, ¡esto es en lo que Dios anhela que se conviertan sus gobernadores de alabanza en la tierra!

> *Venga tu reino, hágase tu voluntad en la tierra como en el cielo.* (Mateo 6:10, NVI)

---

5. *Concordancia Strong* #H3940.
6. *Concordancia Strong* #H5995.

Así como es en el cielo, Dios está levantado gente encendida que soltará el cielo en la tierra. ¡Usted y yo nacimos para arder! ¡Estamos llamados a ser personas que arden fervientemente con una pasión enamorada por nuestro Salvador!

> *Estuve mirando hasta que fueron puestos tronos, y se sentó un Anciano de días, cuyo vestido era blanco como la nieve, y el pelo de su cabeza como lana limpia; su trono **llama de fuego**, y las ruedas del mismo, **fuego** ardiente. Un río de **fuego** procedía y salía de delante de él.*
>
> (Daniel 7:9–10)

Nuestro Dios es un fuego consumidor (véase Hebreos 12:29), y de su trono de fuego procede un río de fuego. Conforme pasemos tiempo en su presencia, avanzaremos con demostraciones del reino como encendidos, "demasiado calientes para tocar" y demasiado valientes para ser retenidos por las fuerzas de las tinieblas.

Los gobernadores de alabanza cosechan bendiciones prometidas

Génesis 49 enumera las bendiciones y las promesas que fueron dadas a los hijos de Jacob: los hijos de Israel. Cada hijo recibió cierta bendición profética, pero la tribu de Judá era especial. Recuerde: la palabra *Judá* significa "alabanza". Cuando comencemos a movilizarnos en el llamado de alabanza y adoración que Dios tiene para nosotros, comenzaremos a ver las bendiciones de Judá manifestarse en nuestras vidas y en la vida de la iglesia de Dios.

> *Judá, te alabarán tus hermanos; tu mano en la cerviz de tus enemigos; los hijos de tu padre se inclinarán a ti. Cachorro de león, Judá; de la presa subiste, hijo mío. Se encorvó, se echó como león, así como león viejo: ¿quién lo despertará? No será quitado el cetro de Judá, ni el legislador de entre sus pies, hasta que venga Siloh; y a él se congregarán los pueblos. Atando a la vid su pollino, y a la cepa el hijo de su asna, lavó*

en el vino su vestido, y en la sangre de uvas su manto. Sus ojos, rojos del vino, y sus dientes blancos de la leche. (Génesis 49:8–12)

¡La Palabra de Dios es muy buena! Él nos da una idea y una estrategia sobre cómo derrotar al enemigo en nuestras vidas. Lo primero que el Señor nos dice en este pasaje es que la mano de Judá, o la mano de alabanza, estará "sobre" el cuello de nuestros enemigos. La versión *La Biblia de las Américas* precisamente dice: *"Tu mano **en** la cerviz de tus enemigos"* (Génesis 49:8, LBLA). ¿Alguna vez ha visto una película de Bruce Lee en la que el héroe gira alrededor y después va directamente hacia la vena yugular de su enemigo? Eso es lo que nuestra alabanza puede hacerle al diablo: puede pegarle directo al cuello, en la yugular; y también en sus cuerdas vocales. Para algunos de nosotros es crucial que derribemos las palabras de mentira del enemigo.

Cuando comenzamos a adorar a Dios con nuestras voces, esa alabanza va hacia el "cuello" de nuestro enemigo y lo silencia. Nuevamente, esa es la razón por la que Él ha ordenado alabanza y fuerza: para callar al diablo. ¡La alabanza paraliza las cuerdas vocales de las tinieblas y provoca que sus enemigos se esparzan en el nombre poderoso de Jesús!

Hay muchos beneficios de convertirse en gobernadores de alabanza. *"Los hijos de tu padre"* de Judá se inclinarán ante él. Judá es un *"cachorro de león"*; el cetro no se apartará de él. Donde hay gobernadores de alabanza, el cetro —la autoridad del Señor— no se apartará de ese lugar. Cuando Dios se levanta con un grito, todos sus enemigos son esparcidos, y sus propósitos se llevan a cabo en la tierra.

Es importante entender algo sobre el cetro de Judá, también llamado el cetro de la alabanza. Cuando el cetro del rey o de la reina es extendido hacia una persona, cualquier cosa que esa persona pida —todo lo que él o ella deseen— le es concedido. Cuando el cetro fue extendido, la reina Ester pudo entrar en la sala del trono e hizo conocer su petición a su esposo, el rey Jerjes. (Véase Ester 4:11; 5:2; 8:4). Muchos de nosotros queremos ver que Dios conteste nuestras oraciones, pero lo único que estamos haciendo es llorar, y suplicar, y rogarle a Él que haga algo. ¡Pero Dios nos dice que nos levantemos como gobernadores de alabanza! Él dice: "Comiencen a hacer mi nombre glorioso, hagan mi alabanza gloriosa en la tierra; y cuando lo hagan, mi cetro permanecerá con ustedes, y todo lo que me pidan les será concedido".

La Palabra dice: *"El cetro de Judá, ni el legislador de entre sus pies, hasta que venga Siloh; y a él se congregarán los pueblos [naciones]"* (Génesis 49:10). ¿Quiere ver la reunión de las naciones? ¿Quiere ver la reunión de los paganos, la reunión de los perdidos que vienen a Dios? Eso se efectuará cuando haya gobernadores de alabanza sentados en lugares celestiales con Cristo, haciendo su alabanza gloriosa.

La iglesia actual parece valorar los programas de mercadeo. Nos hemos convertido en iglesias "amigables para el usuario", más enfocadas en edificar un club social que el reino de Dios. Es posible tener una "sociedad del becerro de oro" en una iglesia, donde todos se lustran las armaduras unos a otros para verse bonitos. En ese caso, nos podemos convertir en gente ensimismada en la autocontemplación que en realidad nunca logrará nada en beneficio del reino. Pero cuando la gente se levanta y comienza a alabar a Dios, los religiosos comienzan a irse, los demonios comienzan a gritar, y el reino de Dios es establecido, su cetro es extendido, ¡y los perdidos verdaderamente comienzan a ser reunidos!

Jesús dijo: *"Y yo, si fuere levantado de la tierra, a todos atraeré a mí mismo"* (Juan 12:32). Cuando nosotros alabemos y adoremos a Jesucristo, los perdidos de todas las naciones de la tierra serán atraídos al Padre. Jesús dice a su iglesia, en efecto: "Cuando encuentre algunos gobernadores de alabanza, cuando encuentre algunas personas que se sienten conmigo en lugares celestiales, cuando encuentre a algunas personas que hagan mi alabanza gloriosa, ahí estará mi cetro. Ahí me levantaré y atraeré a todos los pueblos hacia mí".

Cuando mi hijo Hunter tenía 12 años de edad, hizo un proyecto sobre imanes en su escuela cristiana, para el que su maestro le pidió que comparara a los imanes con Dios. ¡Ese era un proyecto sencillo! Encontré muchas escrituras para ayudarle; tantas, que comenzó a decirme: "¡Gracias, Papá; ya fueron suficientes!". La verdad es que la Biblia está llena de referencias al "magnetismo" de Dios. Dios ha dicho que cuando nos acercamos a Él, Él se acercará a nosotros. (Véase Santiago 4:8). Cuando nosotros comenzamos a alabar al Señor, cuando empezamos a expresar nuestro amor por Jesús, y cuando comenzamos a glorificar al Padre, Él nos glorificará. Él glorificará su casa, la iglesia, con su gloria. Cuando hay personas que se acercan a Él y le exaltan, Él dice que Él acercará a la gente a sí mismo. Si usted tiene el deseo, el anhelo, de ver a la gente perdida venir a Jesús, ¡entonces comience a alabarlo y observe cómo Él comienza a moverse para salvar a personas y liberarlas!

Los gobernadores de alabanza prevalecen en medio de la persecución y levantan un lugar de alabanza

El verdadero evangelio no es un evangelio "amigable para el usuario". Mucha gente cree que después de que acudan a Cristo, todos sus problemas serán resueltos. ¡Nada puede estar más lejos de la verdad! La Biblia nos habla de muchos creyentes que fueron perseguidos por su fe. Quiero decir que cuando usted acepta a Cristo, va a pescar el infierno; ¡pero no tiene que aferrarse a él!

Yo aprecio todo lo que el movimiento de Palabra de Fe ha hecho por la iglesia. Ciertamente, hay mucho de verdad en la idea de que las palabras que usted pronuncia en su situación le ayudarán a dar forma al resultado de esa situación en su vida. Pero cuando la gente de alguna manera llega a la idea equivocada de que todo será perfecto si solo tiene suficiente fe para superarlo, desgraciadamente eso demuestra que ha llevado esta enseñanza al extremo. Esa doctrina no se enseña en las Escrituras. Muchos de nosotros queremos conocer a Dios en el poder de su resurrección, pero nos olvidamos de que también debemos participar en la comunión de sus sufrimientos. (Véase Filipenses 3:10). Creemos que si solo tuviéramos suficiente fe, entonces no tendríamos que pasar por ciertas situaciones. ¡Yo creo que el apóstol Pablo habría tenido que estar en desacuerdo!

A lo largo de su ministerio, Pablo escribió dos tercios del Nuevo Testamento, estableció iglesias a lo largo del mundo entonces conocido, y vio a cientos de personas convertidas por sus predicaciones. ¡Pero él también enfrentó prisiones, lapidaciones, naufragios y mordeduras de serpientes! Todos decimos que queremos ser como el apóstol Pablo, hasta que es tiempo de persecución. ¡Pablo fue un hombre de fe y poder, pero aun así terminó en la cárcel!

Echemos un vistazo a lo que sucedió en una ocasión de su apresamiento.

Aconteció que mientras íbamos a la oración, nos salió al encuentro una muchacha que tenía espíritu de adivinación, la cual daba gran ganancia a sus amos, adivinando. Esta, siguiendo a Pablo y a nosotros, daba voces, diciendo: Estos hombres son siervos de Dios Altísimo, quienes os anuncian el camino de salvación. Y esto lo hacía por muchos días; mas desagradando a Pablo, éste se volvió y dijo al espíritu: Te mando en el nombre de Jesucristo, que salgas de ella. Y salió en aquella misma hora. Pero viendo sus amos que había salido la esperanza de su ganancia, prendieron a Pablo y a Silas, y los trajeron al foro, ante las autoridades. (Hechos 16:16–19)

En muchos casos, podríamos creer que echar fuera un demonio de una persona y liberarla sería algo *bueno*. Pero en esta ocasión, Pablo fue perseguido por ministrar el amor y el poder de Jesucristo.

Y presentándolos a los magistrados, dijeron: Estos hombres, siendo judíos, alborotan nuestra ciudad, y enseñan costumbres que no nos es lícito recibir ni hacer, pues somos romanos. Y se agolpó el pueblo contra ellos; y los magistrados, rasgándoles las ropas, ordenaron azotarles con varas. Después de haberles azotado mucho, los echaron en la cárcel, mandando al carcelero que los guardase con seguridad. El cual, recibido este mandato, los metió en el calabozo de más adentro, y les aseguró los pies en el cepo. (Hechos 16:20–24)

¿Qué haríamos la mayoría de nosotros en una situación como esta? ¿Qué haría usted? Creo que la mayoría de nosotros lloriquearíamos y nos quejaríamos; pero Pablo y Silas no.

Pero a medianoche, orando Pablo y Silas, cantaban himnos a Dios; y los presos los oían. Entonces sobrevino de repente un gran terremoto, de tal manera que los cimientos de la cárcel se sacudían; y al

instante se abrieron todas las puertas, y las cadenas de todos se solta-
ron. Despertando el carcelero, y viendo abiertas las puertas de la cárcel,
sacó la espada y se iba a matar, pensando que los presos habían huido.
Mas Pablo clamó a gran voz, diciendo: No te hagas ningún mal, pues
todos estamos aquí. El entonces, pidiendo luz, se precipitó adentro, y
temblando, se postró a los pies de Pablo y de Silas; y sacándolos, les dijo:
Señores, ¿qué debo hacer para ser salvo? Ellos dijeron: Cree en el Señor
Jesucristo, y serás salvo, tú y tu casa. Y le hablaron la palabra del Señor
a él y a todos los que estaban en su casa. Y él, tomándolos en aquella
misma hora de la noche, les lavó las heridas; y en seguida se bautizó él
con todos los suyos. Y llevándolos a su casa, les puso la mesa; y se rego-
cijó con toda su casa de haber creído a Dios.   (Hechos 16:25–34)

Los historiadores nos dicen que los desagües de la época pasaban directamente a través de las cárceles romanas. Pablo y Silas posiblemente estuvieron cautivos en las partes bajas de la mazmorra, donde la pestilencia de las aguas negras corría al lado de sus pies, quizá incluso sobre sus pies. Estaban sujetos con grilletes. Estaban en cautiverio. Los historiadores también han dicho que, muchas veces, los carceleros romanos dejaban encadenados a los prisioneros muertos mucho tiempo después de su fallecimiento, por lo que es posible que Pablo y Silas pudieran haber estado atados con cadenas directamente con cadáveres a cada lado de ellos.

¿Se imagina? La mayoría de las personas en la iglesia hoy día se habrían dado por vencidas en ese punto. De hecho, muchos de nosotros nos rendiremos si recibimos una factura inesperada en el correo o si alguien habla mal de nosotros; y le llamamos a *eso* persecución. La persecución en la Biblia era cuando los cristianos eran hervidos en agua caliente y alquitrán, o cuando la carne de los creyentes era arrancada de sus huesos.

Pero los apóstoles Pablo y Silas, aún en medio de su terrible situación, dijeron: "¡Vamos a cantar y alabar a Dios!". La Biblia dice que cuando ellos oraron y cantaron alabanzas a Dios, la prisión comenzó a temblar. ¡Gloria a Dios! ¿Quiere que las cosas comiencen a temblar alrededor de usted? ¡Comience a alabar al Señor en su situación y observe cómo las cosas comienzan a moverse!

Quizá usted conozca la canción popularizada por Elvis Presley "Jailhouse Rock" [El rock de la cárcel]. Pues bien, yo le digo: ¡él no fue el autor original de esa canción! Pablo y Silas escribieron "El rock de la cárcel". Esa canción fue escrita cuando Pablo y Silas comenzaron a alabar a Dios a la medianoche. El lugar comenzó a temblar, y la cárcel comenzó a ser mecida. Las puertas se abrieron, y la Biblia dice que no solo Pablo y Silas fueron liberados, sino también todos los demás prisioneros. Y el carcelero —el que les había estado persiguiendo— fue llevado al Señor junto con su familia. (Véase Hechos 16:26–33).

¿Recuerda Génesis 49:10, donde el Señor prácticamente dijo: "Yo voy a hacerte un brasero de fuego; yo voy a hacer que todas las naciones vengan a ti"? Habrá una reunión del pueblo en donde hay alabanza.

Cuando comienza a alabar a Dios, las puertas de la prisión se abren. Si va a su trabajo y gimotea y llora por lo perdidos que todos están, nada va a pasar. Pero si va a su trabajo y llega unos minutos antes y alaba a Dios en ese lugar, unge ese lugar con oración, y pasa su hora de almuerzo orando, le garantizo que va a empezar a cambiar los cielos sobre ese lugar, porque está tomando su lugar: un lugar legítimo en los lugares celestiales.

Las puertas de la prisión son abiertas cuando seguimos el modelo de alabanza de David. Considere Amós 9:11:

En aquel día yo levantaré el tabernáculo caído de David, y cerraré sus portillos y levantaré sus ruinas, y lo edificaré como en el tiempo pasado.

David fue más allá de su dispensación a otra dispensación, reconociendo que el sacrificio de alabanza a Dios era más excelente que el sacrificio de cabras y corderos. (Véase, por ejemplo, Jeremías 33:11). Él ofrecería el sacrificio de alabanza. Y debido a que esa alabanza se llevó a cabo, David conquistó a todos los enemigos que Josué no había derrotado. ¿Por qué? Porque él estableció el tabernáculo de David, trajo el arca del pacto y dijo: "Vamos a servir a Dios continuamente en este templo: ¡veinticuatro horas al día, siete días a la semana, trecientos sesenta y cinco días al año!". Unos tres mil músicos fueron nombrados y pagados para permanecer en la casa de Dios, constantemente alabándolo. De ahí en adelante, cada enemigo y adversario de Dios fue puesto bajo los pies de David.

¿Quiere ver a todos sus enemigos ser puestos debajo de sus pies? Siga lo que hizo David. David estableció el lugar de alabanza, para adorar a Dios continuamente. Pero ahora, observemos el siguiente versículo en Amós, el cual explica el propósito de levantar del tabernáculo:

Para que aquellos sobre los cuales es invocado mi nombre posean el resto de Edom, y a todas las naciones, dice Jehová que hace esto.
(Amós 9:12)

Observe estas palabras: *"Para que aquellos… posean"*. ¿Es usted un poseedor? ¿Tiene en su poder las promesas del Señor?

He aquí vienen días, dice Jehová, en que el que ara alcanzará al segador, y el pisador de las uvas al que lleve la simiente; y los montes destilarán mosto, y todos los collados se derretirán. (Amós 9:13)

Cuando el tabernáculo caído de David es restaurado, cuando las alabanzas de Dios son levantadas de nuevo, personas se levantarán como gobernadores de alabanza y establecerán el trono de Dios. El cetro del Señor será extendido sobre regiones y sobre territorios, para que los perdidos vengan a conocer al Dios del universo. ¿Quiere ver el vino nuevo de Dios en la casa? ¿Quiere ver que la alabanza del Señor haga la diferencia en las vidas de sus seres queridos, su comunidad, su nación y el mundo? ¿Quiere poseer la tierra y reclamar las promesas que Dios tiene para usted? ¡La alabanza le posicionará en esa tierra y le mantendrá ahí!

Esta no es solo una promesa del Antiguo Testamento. Eche un vistazo a Hechos 15:16–18:

Después de esto volveré y redificaré el tabernáculo de David, que está caído; y repararé sus ruinas, y lo volveré a levantar, para que el resto de los hombres busque al Señor, y todos los gentiles, sobre los cuales es invocado mi nombre, dice el Señor, que hace conocer todo esto desde tiempos antiguos.

El tabernáculo de David ha caído, pero Dios promete restaurarlo y levantarlo. Dios está diciendo en esta hora: "Necesito a unos gobernadores de alabanza. Necesito algunas personas que se levanten y me edifiquen un tabernáculo de adoración". ¿Por qué? ¡Para que la gente busque al Señor! Desde el principio del mundo, mi amigo, Dios planeó que hubiera una compañía davídica —gobernadores de Judá, gobernadores de alabanza— que levantarían el tabernáculo de David para que los perdidos puedan venir al conocimiento salvador de Jesús. ¡Estos "precreyentes" van a venir al conocimiento de nuestro Dios! ¿Tiene seres queridos que no son salvos? La promesa de Dios es para usted. ¡Hay precreyentes en su vida que van a venir al conocimiento de Dios porque usted se está levantando como un gobernador de alabanza!

TRES FASES DE ALABANZA

El Señor me ha dado esta palabra: hay tres fases de alabanza por las que su pueblo debe pasar. Esta no es una rima que yo me inventé. Un día me encontraba orando en mi lenguaje de oración, y estas palabras surgieron de mi espíritu. Sé que provienen del Dios vivo, y que son una poderosa palabra para ayudar a su pueblo a convertirse en los gobernadores de alabanza que Él los ha llamado a ser.

Fase uno: Penetrar

Cuando comienza a moverse en la alabanza, tiene que penetrar a través de las fuerzas de las tinieblas con su alabanza hasta los cielos, donde usted puede tomar su lugar legítimo en el reino de Dios.

Fase dos: Saturar

En la fase de saturación, una vez que ha penetrado en el lugar santísimo, usted está saturado de la presencia de Él.

Fase tres: Inundar

En la tercera fase de la alabanza, usted se satura tanto, se llena tanto con el Espíritu, que satura la tierra de la presencia de Dios.

Penetración, saturación e inundación

Dios quiere que usted se levante hacia su trono en alabanza; esa es la única forma en que será capaz de lograr lo que Él quiere hacer a través de usted. Debe entrar por sus puertas con acción de gracias y por sus atrios con alabanza. (Véase Salmos 100:4). La única manera en que usted puede entrar en la presencia de Dios es en alabanza. Cuando usted entra a sus atrios con alabanza, Él comienza a saturarle con su gloria. Y luego le envía de vuelta a la tierra para hacer llover sobre la tierra seca, inundando el mundo con la presencia de Él.

Mucha gente en la iglesia actual ha estado orando por lluvia. "Oh Dios", oran, "¡mándanos tu lluvia!". Pero aquellos que hacen esa oración puede que no sepan que en realidad estaban orando por ellos mismos. ¡*Nosotros* somos la lluvia que Dios quiere derramar sobre una tierra seca y sedienta!

La Palabra de Dios es muy poderosa, y nos dice lo que la lluvia —usted y yo— puede lograr para el reino de Dios:

Porque mis pensamientos no son vuestros pensamientos, ni vuestros caminos mis caminos, dijo Jehová. Como son más altos los cielos que la tierra, así son mis caminos más altos que vuestros caminos, y mis pensamientos más que vuestros pensamientos. Porque como desciende de los cielos la lluvia y la nieve, y no vuelve allá, sino que riega la tierra, y la hace germinar y producir, y da semilla al que siembra, y pan al que come, así será mi palabra que sale de mi boca; no volverá a mí vacía, sino que hará lo que yo quiero, y será prosperada en aquello para que la envié. (Isaías 55:8–11)

¡Los caminos de Dios son más altos que nuestros caminos, y sus pensamientos más grandes que nuestros pensamientos! Pero como la lluvia desciende, así es la Palabra de Dios que sale y cumple sus propósitos en la tierra. Le da semilla al sembrador y pan al que come. A través de estos versículos, Dios nos muestra cómo se forma la verdadera alabanza. Se forma en la tierra y es soltada en la tierra cuando entramos en el lugar de alabanza.

¿Se ha preguntado cómo se forma la lluvia? Como ya expliqué brevemente en el capítulo 1, existe una presión barométrica en la tierra que causa una fuerza gravitatoria, y los cielos comienzan a absorber agua de la tierra: de océanos, lagos, ríos y otras masas de agua. Cuando esta presión, por la cual el agua es atraída hacia los cielos, alcanza el punto correcto, toda el agua que había sido extraída es soltada de regreso a la tierra. Así que para que la lluvia exista, tiene que haber agua ya presente en la tierra que pueda ser absorbida y devuelta hacia la tierra.

¿Puede ver el paralelismo en el mundo espiritual? Dios prácticamente nos está diciendo: "¡Estoy buscando en la tierra a la gente que tiene mi Palabra en su boca; aquellos que saben cómo declarar alabanza para que yo pueda absorberla hacia los cielos y soltarla como lluvia hacia la tierra!".

Produciendo "alabanza procedente"

En Mateo 4, Jesús declaró la Palabra de Dios cuando se estaba enfrentando a la tentación del enemigo, y en el proceso, Él nos dio un ejemplo del poder de lo que yo denomino "alabanza procedente":

> *Entonces Jesús fue llevado por el Espíritu al desierto, para ser tentado por el diablo. Y después de haber ayunado cuarenta días y cuarenta noches, tuvo hambre. Y vino a Él el tentador, y le dijo: Si eres Hijo de Dios, di que estas piedras se conviertan en pan. El respondió y dijo: Escrito está: No sólo de pan vivirá el hombre, sino de toda palabra que sale [procede] de la boca de Dios.* (Mateo 4:1–4)

Jesús se enfrentó con éxito al enemigo al decir estas palabras: *"Está escrito…"*. Entonces Él citó la Escritura: *"No solo de pan vivirá el hombre, sino de toda palabra que sale [procede] de la boca de Dios"*. Esta es la procedente

Palabra de Dios: la alabanza procedente que moverá montañas, derrotará al enemigo, y le dará la entrada al reino de Dios en la tierra.

Cuando los verdaderos gobernadores de alabanza comienzan a levantarse y toman sus lugares en la iglesia, el cetro de Dios es extendido, y su reino es establecido. Dios comienza a alimentarse de la Palabra —su propia Palabra—, que es la Palabra procedente que está saliendo de los vientres de sus gobernadores de alabanza. Como la Palabra dice: *"El que cree en mí, como dice la Escritura, de su interior correrán ríos de agua viva"* (Juan 7:38). Dios comienza a absorber de los ríos de agua viva que están en nosotros y los libera hacia su trono. El libro de Apocalipsis afirma que hay un río que fluye del trono de Dios, pero proviene de nosotros hacia Él y luego de nuevo hacia nosotros, al igual que la lluvia natural que experimentamos en la tierra.

Todo lo que sube tiene que bajar. Si nada sube, nada baja. Si su boca está cerrada, o si todo lo que usted está enviando al ambiente espiritual es murmuración y quejas, entonces eso es todo lo que usted recibirá de los cielos. Pero cuando envíe alabanza hasta el trono de Dios en los cielos, esa alabanza va a bajar y bendecir su vida. Subirá a la atmósfera espiritual como condensación, pero cuando regrese, ¡le empapará en un torrente de bendición! Cuando usted envía alabanza procedente, es la procedente Palabra de Dios, y esta no regresará vacía. *"No solo de pan vivirá el hombre, sino de toda palabra que sale [procede] de la boca de Dios".*

Usted nunca va a avanzar hacia su destino hasta que exista una Palabra procedente que avance delante de usted. Pero cuando hay una Palabra procedente, la entrada de la Palabra de Dios en su vida, avanzará delante de usted y le dará la entrada a su destino, a las maravillosas, sorprendentes cosas que Dios tiene para usted.

En la actualidad, muchas personas están en busca de su destino. Están buscando avance, pero no están dispuestos a tomar su lugar en lugares celestiales como gobernadores de alabanza. Es solo hasta que lo hayamos hecho cuando comenzaremos a penetrar en los lugares celestiales. Entonces Dios nos saturará de su gloria, y comenzaremos a inundar con su presencia. Una vez que hayamos alcanzado la fase de inundación, el lugar que antes estaba seco comenzará a recibir la lluvia proveniente de nuestras vidas. La lluvia causará que reinemos en la tierra. Nos convertimos en su lluvia, y nos convertiremos en su reino. ¡Comenzaremos a reinar y a gobernar en la tierra!

4

LEVÁNTESE Y EDIFIQUE

Y uno de los ancianos me dijo: No llores. He aquí que el León de la tribu de Judá, la raíz de David, ha vencido para abrir el libro y desatar sus siete sellos. (Apocalipsis 5:5)

Cuando se levanta para alabar a Dios, eso tiene repercusiones no solo para usted sino también para las generaciones futuras. ¿Quiere ver a sus hijos bendecidos? Alabe a Dios. ¿Quiere ver a sus nietos bendecidos? Alabe a Dios. No solo se siente, negándose a participar cuando asiste a la iglesia. ¡Cuando entre a la casa de Dios —y aun cuando usted esté en su sala, su vehículo, o en cualquier otro lugar— sea agresivo con su alabanza! Levante sus manos, aplauda y grite hacia Dios con voz de triunfo. Ya no se trata de su propia naturaleza. Se trata de la naturaleza del Rey del *"León de la tribu de Judá"* que vive dentro de usted.

Usted ya no tiene la autoridad sobre su propia vida. Ha sido comprado con un precio. Usted ha sido comprado con la sangre derramada de Jesucristo. Así que comience a comportarse como si Él tuviera el control sobre su vida. Permita que la Palabra de Dios le "lave el cerebro", para renovar su mente y cambiar su modo de pensar. La Palabra es mejor que una barra de jabón para lavarle su mente. Cuando comienza a declararla con su boca, lavará sus pensamientos y actitudes hasta que, eventualmente, usted se encontrará a sí mismo actuando como Cristo, y no como usted mismo. Cuando meta suficiente Palabra dentro de usted, comenzará a cambiar. Cuando vaya a la iglesia, su actitud no será la de "hoy tengo que alabar a Dios", sino que será la de "¡hoy tengo el gran privilegio y honor de alabar a Dios!". Cuando se levante en la mañana, se dará cuenta de que no *tiene* que buscar a Dios temprano por la mañana; usted *tiene la dicha* de buscar a Dios antes de que los afanes y problemas del día comiencen.

Cuando usted se involucra en alabanza profética, habrá una intensidad, una pasión y un fervor que se manifestarán en su relación con el Padre. La Palabra dice: *"La oración ferviente de una persona justa tiene mucho poder y da resultados maravillosos"* (Santiago 5:16, NTV). La palabra *"ferviente"* en este versículo trasmite la idea de algo que es capaz de producir energía. Entiéndalo como el punto de ebullición para una olla con agua. Las personas que se involucran en alabanza profética producen poder hasta que alcanzan el punto de ebullición en sus vidas. ¡Ellos siempre están calientes: en fuego por las cosas de Dios! Son demasiado calientes para que les toquen y demasiado audaces para que el diablo los detenga.

Muchos cristianos pasan sus vidas siendo tibios. Recuerde que Jesús dijo: *"Pero por cuanto eres tibio, y no frio ni caliente, te vomitaré de mi boca"* (Apocalipsis 3:16). Él prefiere que sea frío o caliente. ¡Pero para entrar en alabanza profética en la tierra hoy día, debemos estar encendidos por Él!

Esto no se trata de usted; se trata de una cosecha. Los que le alaban proféticamente atraen a la gente perdida del mundo hacia el Señor. Los que no conocen a Jesús serán atraídos por el brillo de nuestro levantamiento y la alabanza de Dios en nuestros labios y en nuestras vidas. Es su destino y su legado alabar a Dios proféticamente. Dios ordenó de antemano su vida y la preparó para que usted estuviera exactamente donde está en este tiempo específico de la historia.

Hay varios alabadores proféticos representados en las Escrituras, cada uno de los cuales debiera ser un modelo para su propia vida y destino. En este capítulo nos centraremos en el alabador profético llamado Nehemías.

Estos fueron en los días de Joiacim hijo de Jesúa, hijo de Josadac, y en los días del gobernador Nehemías y del sacerdote Esdras, escriba.

(Nehemías 12:26)

Nehemías era un gobernador, una persona designada para gobernar sobre regiones y territorios, así como nosotros estamos llamados a hacer en nuestra propia generación. Jesús es llamado el Rey de Reyes. ¿De cuáles "reyes" es Rey? La Palabra no se refiere a un rey individual que gobierna políticamente sobre las naciones. No, se está refiriendo a los creyentes. Somos reyes y sacerdotes para nuestro Dios, el Rey de Reyes.

Nehemías 2 presenta un cuadro que nos ayudará a entender mejor la vida de Nehemías.

Les dije, pues: Vosotros veis el mal en que estamos, que Jerusalén está desierta, y sus puertas consumidas por el fuego; venid, y edifiquemos el muro de Jerusalén, y no estemos más en oprobio. Entonces les declaré cómo la mano de mi Dios había sido buena sobre mí, y asimismo las palabras que el rey me había dicho. (Nehemías 2:17–18)

En nuestros días, podríamos sustituir la palabra *"Jerusalén"* por cualquier pueblo o ciudad donde vivamos. Sin las puertas de alabanza edificadas en nuestras ciudades y nación, podemos llegar a ser un *"oprobio"*. Los alabadores proféticos son constructores que también inspiran a otros a edificar.

Y dijeron: Levantémonos y edifiquemos. Así esforzaron sus manos para bien. (Nehemías 2:18)

Hijo de Dios, usted tiene que fortalecer sus manos para esta buena obra. ¿Cuál es el trabajo que Dios *le* ha llamado a hacer? ¿Cuál es su destino en Él? Fortalezca sus manos y prepárese para eso. Lo que sea que Él le llama a hacer va a ser una buena obra, y podrá cumplirla cuando suelte el poder y la bendición de Dios en su vida a través de la alabanza.

Pero cuando lo oyeron Sanbalat horonita, Tobías el siervo amonita, y Gesem el árabe, hicieron escarnio de nosotros, y nos despreciaron,

diciendo: ¿Qué es esto que hacéis vosotros? ¿Os rebeláis contra el rey? Y
en respuesta les dije: El Dios de los cielos, él nos prosperará, y nosotros
sus siervos nos levantaremos y edificaremos.   (Nehemías 2:19–20)

Es inevitable que usted enfrente oposición, tal como lo hizo Nehemías,
¡pero anímese, pues Dios le prosperará y usted se "levantará y edificará"!

Suba y ejerza su autoridad

¿Sabía usted que los alabadores proféticos proceden sobre cuestiones
legales en las dimensiones celestiales? Cuando usted alaba al Señor y toma
su lugar de autoridad legal, puede hacer que el destino de Dios se cumpla
en su vida.

Eche un vistazo a lo que dijo el apóstol Pablo en Efesios 2:

Pero Dios, que es rico en misericordia, por su gran amor con que nos
amó, aun estando nosotros muertos en pecados, nos dio vida junta-
mente con Cristo (por gracia sois salvos), y juntamente con él nos resu-
citó, y asimismo nos hizo sentar en los lugares celestiales con Cristo
Jesús....   (Efesios 2:4–6)

A usted se le ha concedido un lugar celestial de autoridad. Dios quiere
que usted proceda en acción; Él quiere que usted gobierne desde ese lugar.

La alabanza le hace poseer la tierra. Es importante que usted com-
prenda que si no está alabando, no está poseyendo. Usted deja de poseer
cuando deja de alabar. El libro de Jueces nos ayuda a entender este
principio:

Y Jehová respondió: Judá subirá; he aquí que yo he entregado la tierra
en sus manos.   (Jueces 1:2)

La alabanza le hará ascender. ¡La alabanza le hará subir a cosas más
grandes en el Señor! Dios dice que Él ha entregado la tierra en las manos de
Judá: la mano de alabanza. La tierra es entregada a un pueblo de alabanza.

¿Quiere ver su ciudad y su nación venir a las manos del pueblo de Dios? La alabanza poseerá la tierra.

> *Y Judá dijo a Simeón su hermano: Sube conmigo al territorio que se me ha adjudicado, y peleemos contra el cananeo, y yo también iré contigo al tuyo. Y Simeón fue con él.* (Jueces 1:3)

El nombre *Simeón* significa "oyente, uno que oye".[7] La alabanza dice a los oyentes: "¡Vengan conmigo!". La Biblia dice: *"Simeón fue con él"*. Los oyentes van con los alabadores. La Biblia nos dice que la fe viene por el oír y el oír la Palabra del Señor. (Véase Romanos 10:17). Cuando empezamos a levantar nuestra alabanza a Dios, libera un sonido que será escuchado por aquellos que tengan oídos para oír lo que el Espíritu está diciendo. La iglesia comenzará a escuchar el sonido, y el pueblo de Dios, unido, subirá para tomar la tierra.

> *Y subió Judá, y Jehová entregó en sus manos al cananeo y al ferezeo.* (Jueces 1:4)

Hay una gran unción de avance que se libera en las vidas de las personas que alaban a Dios proféticamente. ¡Pero para gobernar realmente sobre los lugares celestiales, tiene que subir! Tiene que levantarse en el Espíritu y tomar su lugar legítimo en el reino. No puede alabar desde abajo en el reino terrenal, en medio de sus problemas y sus circunstancias. Hay que alabar desde lo alto, desde el reino del Espíritu, donde las bendiciones y la unción de Dios son liberadas. Ese es el verdadero lugar donde será capaz de gobernar en el reino espiritual. Estamos sentados con Cristo en lugares celestiales.

¿Alguna vez ha notado que cuando entra en la sala de un tribunal, el juez está casi siempre sentado más arriba que el resto de la gente? Cuando el juez entra en la sala y se mueve hacia su asiento, todos los allí presentes se levantan en honor a su cargo. Cuando el juez se sienta, entonces todos se pueden sentar. Nuestro juez, nuestro abogado ante el Padre, es Jesucristo. Jesús está a la derecha del Padre, intercediendo por siempre por usted y

---

7. *Concordancia Strong* #H8085.

por mí, y Él toma su asiento allí en los lugares celestiales. Ahora bien, nunca antes de la obra de Cristo en la cruz, cuando el velo del templo fue rasgado en dos, había habido un sacerdote que pudiera tomar su asiento. Pero debido a que la obra está terminada —porque, en la cruz, Jesús dijo: *"Consumado es"* (Juan 19:30)—, Él está ahora sentado a la derecha del Padre. (Véase, por ejemplo, Hebreos 10:12; 12:2). Y porque Él está sentado en lugares celestiales, nosotros también podemos tomar nuestro asiento en los lugares celestiales con Él.

El propósito de que estemos sentados en lugares celestiales es para que podamos *proceder*. Estamos ahí para proceder o ejecutar acción sobre los asuntos, como un juez.

Una definición de *proceder* es "ir hacia adelante en un camino". ¿Quiere avanzar en su vida? ¿Está cansado de que sus neumáticos estén patinando? ¡Es importante darse cuenta de que movimiento no necesariamente implica progreso! Puede estar usted en movimiento y aun así estar solo moviéndose en círculos o solo patinando sus neumáticos. ¡Pero Dios quiere que usted tenga impulso de avance en su vida!

El diccionario da otra definición para *proceder*: "continuar después de una pausa o interrupción". ¿Se siente como si últimamente ha sido interrumpido? ¡Sea honesto! Algunas veces se puede sentir como si fuera interrumpido precisamente cuando parecía que llegaba a algún lugar. Pero Dios está a punto de darle un impulso para compensar ese tiempo que ha perdido. ¡Está a punto de proceder hacia adelante! Puede que no haya llegado a donde Dios quiere que vaya. Pudiera parecer como si hubiera perdido de vista el propósito de su vida. Pero Dios está a punto de darle tracción. ¡Donde parece que se ha quedado atrapado y sus llantas han estado patinando, ahí está a punto de seguir hacia adelante!

Otra definición para *proceder* incluye "empezar a llevar a cabo una acción, proceso o movimiento", "seguir adelante de una manera ordenada", y "venir de una fuente". Ahora bien, ¿qué significa esto en el contexto de Mateo 4:4, que dice: *"No solo de pan vive el hombre, sino de toda palabra que sale* [que comienza, que procede] *de la boca de Dios"*? ¡Podemos comenzar a reconocer que la palabra que se originó con Dios es por la que debemos vivir! Esa palabra viene a nosotros desde el trono, y nosotros vivimos por esa palabra. Es nuestro sustento. Esa palabra es como nosotros vivimos.

Otro uso para la palabra *proceder* es especialmente importante; se refiere a la iniciación de un *proceso* legal contra otra persona. ¿Está listo para levantarse y tomar acción legal contra su adversario? Esto no significa solo orar: "Oh Dios, por favor permite que esto suceda, si es tu voluntad". No está haciendo una *petición*, usted está *decretando*. Usted está *declarando*. Está dictando la sentencia sobre su enemigo.

Vamos a echar un vistazo a lo que esto significa en un versículo muy familiar para muchos cristianos en la actualidad:

> *Ninguna arma forjada contra ti prosperará, y condenarás toda lengua que se levante contra ti en juicio. Esta es la herencia de los siervos de Jehová, y su salvación de mí vendrá, dijo Jehová.* (Isaías 54:17)

Este versículo significa literalmente que usted va a dictar una sentencia —hacer una declaración o emitir un decreto— contra sus enemigos; ¡de este modo los silencia! Aun si el arma estuviera totalmente forjada —aun si el enemigo logra terminarla totalmente—, no prosperará en contra de usted. Y toda lengua que se levante contra usted en juicio, usted la condenará.

> *Pues aunque andamos en la carne, no militamos según la carne; porque las armas de nuestra milicia no son carnales, sino poderosas en Dios para la destrucción de fortalezas, derribando argumentos y toda altivez que se levanta contra el conocimiento de Dios, y llevando cautivo todo pensamiento a la obediencia a Cristo.* (2 Corinthians 10:3–5)

¡Esta es la Palabra del Señor! Dios le ha dado un lugar en los lugares celestiales, y es su trabajo dictar sentencia sobre las palabras que el enemigo ha lanzado con respecto a su vida. El enemigo le ha dicho: "¡Nunca serás algo! ¡Nunca lograrás nada! ¡Nunca tendrás nada! ¡Nunca vas a ir a ninguna nación! ¡No vas a cumplir tu destino!". Pero como esas son las palabras del enemigo, ¡puede estar seguro de que la verdad es todo lo contrario a lo que él dice!

Si le dijo que *no* irá a las naciones, ¡eso debería dejarle saber que debe alistar su pasaporte! Si le dijo que nunca será dueño de una casa, debiera comenzar a regocijarse porque ahora sabe que va a ser dueño de muchas casas. Le dijo que no tendría un vehículo, pues prepárese, porque está a punto de tener tres o cuatro vehículos, ¡porque todo lo contrario de lo que él dice es verdad!

Pero no puede permitir que esas palabras contrarias a su destino se queden ahí en el aire. Cuando comienza a ver esos pensamientos e imaginaciones levantarse, tiene la autoridad, como un gobernador de alabanza, para levantarse y silenciar al enemigo. Hemos aprendido del Salmo 8 que la alabanza libera fuerza. De la boca de infantes Él ha ordenado fuerza, o alabanza, para que usted pueda silenciar la boca del vengador, ¡para que usted pueda callar al diablo!

El llamado del profeta en Jeremías 1 nos da una idea aún más detallada:

> *¡Mira, he puesto mis palabras en tu boca! Hoy te doy autoridad para que hagas frente a naciones y reinos. A algunos deberás desarraigar, derribar, destruir y derrocar; a otros deberás edificar y plantar.*
>
> (Jeremías 1:9–10)

La palabra traducida como *"puesto"* en el versículo 10 proviene de una palabra que significa "ser puesto sobre". También significa "ser hecho un supervisor", o "ser nombrado". La palabra hebrea para *poner* es *paqad*, que también es traducida como "gobernador". Dios le ha nombrado. Dios le ha ordenado. Dios le ha puesto sobre las naciones y sobre los reinos. Ahora bien, esto no solamente se refiere a reinos políticos de este mundo; también se refiere a los reinos de las tinieblas. También puede significar los reinos del mercado financiero, o los otros "reinos" en nuestra sociedad actual: deportes, entretenimiento, los medios de comunicación, y demás. Dios está dándole la autoridad para ocupar su puesto y proceder sobre asuntos concernientes a los reinos: para arrancar y para destruir, para arruinar y para derribar, y para edificar y para plantar. ¡Y la buena noticia es que Él le dice *cómo* hacerlo!

Como hemos visto, "proceder" significa instituir y conducir acción legal. Los actos o juicios incluyen un curso de acción o un proceso; una secuencia de eventos que ocurren en un lugar u ocasión particular. Puede incluir acción legal o litigación y la institución o conducto de acción legal. Dios libera su acción legal —su autoridad— al pueblo que se levanta en alabanza.

La unción gubernamental es dada a aquellos que alaban al Señor. Los gobernadores de alabanza son capaces de levantarse y proceder sobre asuntos legales. ¿Está listo para silenciar a las fuerzas de las tinieblas en su región y en su vida? Puede hacerlo cuando usted es un gobernador de alabanza. Los gobernadores de alabanza se levantan en las filas. Los gobernadores de alabanza tienen favor con Dios y con el hombre. Los gobernadores de alabanza no solo se sientan a esperar a que las cosas sucedan; ¡ellos *hacen* que las cosas sucedan! Los gobernadores de alabanza son líderes. Si quiere ser un líder, conviértase en un gobernador de alabanza. Si usted no puede alabar a Dios, no tiene ninguna incumbencia en el liderazgo de la iglesia. Si usted no puede alabar a Dios, no importa lo talentoso que sea; no tiene nada que decir.

Por otro lado, cuando usted se levanta en alabanza, se estará alineando con el León de Judá. Recibe la unción dada por ley —el cetro de autoridad— y se mueve en los lugares celestiales donde usted puede proceder sobre asuntos legales.

Autorizado por la Palabra procedente

De acuerdo a Juan 15, hay una Palabra procedente que proviene del Padre: es el Espíritu Santo, al cual se refiere Jesús como "el Consolador" en el siguiente pasaje:

Pero cuando venga el Consolador, a quien yo os enviaré del Padre, el Espíritu de verdad, el cual **procede** *del Padre, él dará testimonio acerca de mí. Y vosotros daréis testimonio también, porque habéis estado conmigo desde el principio.* (Juan 15:26–27)

El Espíritu de verdad procede del Padre; el Espíritu Santo es un *Espíritu procedente*. Él *procede* desde el Padre. Él da testimonio de Jesús;

¡y nosotros también, porque hemos estado con Jesús mismo! Aunque Jesús estaba hablando aquí acerca de sus discípulos que estuvieron con Él durante sus años en la tierra, en el ámbito espiritual, Él se está refiriendo a nosotros: sus futuros discípulos.

Jesús dijo que enviaría al Consolador. ¿Alguna vez se ha detenido para darse cuenta de que el Espíritu Santo es un "Espíritu enviado"? Y cuando usted recibe este "Espíritu procedente", recibe la Palabra procedente. Usted recibe el derecho a proceder y avanzar, tomando autoridad sobre los procesos en su vida.

Jesús también dijo que el Espíritu Santo daría testimonio de Él y que también nosotros daríamos testimonio, porque hemos estado con Él desde el principio. ¿Cuánto tiempo ha "estado con" Jesús? Usted ha estado con Él desde el principio. No acaba de llegar. Usted fue enviado aquí. Fue exhalado con el aliento que provino del Padre hacia la tierra. Antes de que usted viniera a la tierra, usted "estuvo con Él" en cuanto a que Él pensaba en usted, preparándose para crearlo cuando y donde Él quiso hacerlo. Por eso, cada día usted se está acercando más a Dios y retornando a la idea de cómo fueron las cosas antes de que usted viniera aquí. Algunas personas le llaman a esto déjà vu, pero no lo es; de hecho, es algo a lo que yo llamo un "momento de hijo".

Antes de nacer, Dios sabía que seríamos sus hijos. Cuando Él nos creó en la tierra, formándonos en nuestro seno materno, Él nos creó para un tiempo como este. Hay un legado que Él ha estado edificando. Antes de que usted naciera, el Padre estaba soplando cosas en usted. Cuando usted estaba en el regazo del Padre, con su cabeza sobre su pecho en el Espíritu, Él comenzó a soltar el latido de su corazón en su vida. Luego, cuando usted salió del canal de nacimiento del seno de su madre, cuando usted lloró por primera vez, Él sabía en lo que usted se convertiría. (Véase Jeremías 1). El Padre estaba íntimamente involucrado con usted, sembrando cosas en su vida. Semillas y el ADN espiritual fueron plantados dentro de usted, y como una cápsula de tiempo, están esperando el tiempo determinado para germinar. Y ahora, Dios está comenzando a permitir que esas cosas broten en su espíritu, y usted está comenzando a tener entendimiento sobre ellas, aun cuando ellas ya estaban ahí antes de que usted viniera a la tierra.

Dios le creó a usted para este tiempo preciso, para *proceder* sobre las cosas. Usted no solo apareció. Usted tiene acceso legal. Usted tiene derechos legales. Usted fue comisionado por el Padre. Nunca ha habido un tiempo más importante en la historia. ¡Cuando ellos ven hacia abajo desde el cielo, probablemente los apóstoles Pablo, Pedro y Juan desearían intercambiar lugares con nosotros!

Somos la generación que tiene el Internet, Facebook, y Twitter, y podemos tocar el mundo con solo apretar un botón. Podemos hablarle al mundo a través de una cámara que opera vía satélite. Tenemos teléfonos celulares inteligentes, y podemos hablar virtualmente a cualquier persona en el mundo a cualquier hora. Generaciones atrás, tomaba años para hacer llegar la Palabra a lugares remotos alrededor del globo terráqueo. Hoy, esto sucede instantáneamente. Somos una generación escogida; escogida para proceder sobre asuntos legales en el Espíritu.

Cambiando la Palabra con alabanza procedente

¡Gracias al Señor por su Palabra, que nos enseña sobre su alabanza profética que puede cambiar las circunstancias en nuestras vidas y en nuestro mundo! Nosotros hemos hablado sobre la Palabra procedente —el Espíritu Santo de Dios—, ¿pero sabía usted que hay palabras procedentes? Nuevamente, Jesús dijo en Mateo 4:4: *"No sólo de pan vivirá el hombre, sino de toda palabra que sale* [procede] *de la boca de Dios"*. Usted y yo, y las demás personas en el mundo, somos cada uno una palabra procedente del Padre. Usted está aquí porque fue declarado a existencia. La Biblia dice que cuando Dios habló, las cosas que Él creó fueron "buenas" (véase Génesis 1:4, 10, 12, 18, 21, 25), pero cuando Él creó al hombre, este era *"muy bueno"* (Génesis 1:31, NTV). Cuando usted fue declarado a existencia, ese mismo poder creativo fue puesto dentro de usted para que pudiera tener acceso a la frecuencia del cielo y recibir la Palabra procedente del Padre. ¡Usted tiene la habilidad de recibir la Palabra procedente del cielo! Y entonces, como una palabra procedente del Padre, usted le regresa alabanza procedente a Él.

Usted no nada más nació por nacer; ¡tiene un propósito! Usted fue declarado a existencia. Usted salió de la misma boca de Dios y ha sido enviado a la tierra para un tiempo como este. Pero Dios también ha puesto una demanda sobre usted, una tarea divina que solamente *usted* puede cumplir. Él le atrae hacia Él mismo. La Biblia dice que nadie puede venir a menos que sea "atraído" por el Espíritu: *"Ninguno puede venir a mí, si el Padre que me envió no le trajere"* (Juan 6:44).

Dios lo atrae hacia Él, y luego usted le sigue a Él: sus planes y propósitos para su vida. El Espíritu Santo comienza a cortejarle, y conforme usted se acerca a Él, Él se acerca a usted. (Véase Santiago 4:8).

Dios pone la alabanza procedente en nuestras bocas, y provocará una soltura, no de su *lluvia*, sino de su *reinado* en la tierra.

Y te acordarás de todo el camino por donde te ha traído Jehová tú Dios estos cuarenta años en el desierto, para afligirte, para probarte, para saber lo que había en tu corazón, si habías de guardar o no sus mandamientos. Y te afligió, y te hizo tener hambre, y te sustentó con maná, comida que no conocías tú, ni tus padres la habían conocido, para hacerte saber que no sólo de pan vivirá el hombre, más de todo lo que sale de la boca de Jehová vivirá el hombre.

(Deuteronomio 8:2–3)

Este es el pasaje de la Escritura que Jesús citó cuando estaba siendo tentado en el desierto por satanás. (Véase Mateo 4:1–11; Lucas 4:1–12). El hombre no solo de pan vive (alimento terrenal); necesitamos la Palabra procedente de Dios. Necesitamos tomar esa Palabra procedente de los cielos, transformarla en alabanza, y ver cómo el cambio se efectúa en nuestras vidas. La moneda del cielo es alabanza. Cuando usted alaba a Dios, esto provoca que el "reinado" del reino caiga sobre la tierra. Tan pronto como la Palabra de Dios procede a la tierra, es transformada en alabanza a través de los vasos vivos —sus palabras procedentes—, y entonces tiene derecho a tomar dominio y lograr el cambio. ¡Sus circunstancias deben rendirse cuando la alabanza procedente se libera por medio de sus labios!

La Biblia en inglés *The Message* expresa Mateo 4:4 así: "Se necesita algo más que pan para sobrevivir. Se necesita un flujo constante de las palabras de la boca de Dios." ¡Todos necesitamos un "flujo constante de las palabras de la boca de Dios"! Necesitamos algo más que un pequeño toque aquí y allá; ¡necesitamos un fluir fijo, constante, diario de palabras provenientes de Dios, ¡que luego transformamos en alabanza procedente y cambiamos nuestro mundo para su gloria!

La alabanza procedente está basada en el desbordamiento. Apocalipsis 22:1 dice: *"Después me mostró un río limpio de agua de vida, resplandeciente como cristal, que salía del trono de Dios y del Cordero"*. La palabra que procede de Dios es como un río. La Biblia muchas veces dice que cuando Dios habló, su voz era como el sonido de muchas aguas. (Véase, por ejemplo, Ezequiel 43:2). Cuando Dios habla, su gloria suena como un trueno que se estrella a través de la dimensión espiritual. ¡Cambia las cosas! ¡Las sacude! Es como una tormenta desde los cielos a punto de lanzar las lluvias de desbordamiento hacia su vida. Cuando usted comienza a experimentar el sonido de su voz, el desbordamiento vendrá. No solamente sus facturas serán pagadas, sino que habrá dinero de sobra para sembrar en la obra del reino. No solo sus hijos serán salvos, sino también sus hijos y los hijos de sus hijos vendrán a salvación. Verá moverse montañas y fortalezas derribadas, para que Dios sea completamente glorificado en su vida.

5

¡IR A LA GUERRA!

Pero tú, Daniel, cierra las palabras y sella el libro hasta el tiempo del fin. Muchos correrán de aquí para allá, y la ciencia se aumentará.

(Daniel 12:4)

La Biblia dice que, en los últimos días, la gente estará corriendo alrededor del globo terráqueo como locos y el conocimiento se va a incrementar. A medida que usted sigue al Señor en estos últimos días, ¿hay alguna duda de que la vida parece ir más y más rápido? No hay manera de mantenerse al día de todos los nuevos descubrimientos en todos los ámbitos de la vida.

La tecnología ha conectado al mundo de tal manera que lo que ocurre en China es sabido en América en cuestión de segundos. Se puede viajar a cualquier parte del mundo en cuestión de horas. Puede llenar sus días con un sinfín de actividades, o conectarse al mundo a través de Facebook y el Internet en su computadora, iPad o teléfono inteligente.

También los creyentes están viendo el cumplimiento de profecía a un ritmo bastante acelerado.

*Y me dijo Jehová: Bien has visto; porque yo apresuro mi palabra para
ponerla por obra.* (Jeremías 1:12)

Dios prácticamente está diciendo: "Voy a aumentar la velocidad, o
acelerar, el actuar de mi Palabra". Veamos las definiciones de la palabra
acelerar:

1. Lograr en un tiempo antes.
2. Hacer avanzar más rápido.
3. Acelerar el progreso o el desarrollo de.

Dios puede acortar el intervalo de tiempo entre eventos presentes y
futuros, tales como acelerar la ruina de un gobierno, por ejemplo. En los
últimos días, Dios se va a mover más y más rápido en el cumplimiento
de sus promesas. Él va a aumentar continuamente la velocidad en que se
mueve. Él va a hacer esto sobrenatural y milagrosamente. Dios va a acortar la duración de tiempo que ordinariamente llevaría hacer algo.

Seis pasos de aceleración

Tenemos que volver a Jeremías 1 para descubrir *cómo* son aceleradas
las cosas.

*Hoy te doy autoridad para que hagas frente a naciones y reinos. A
algunos deberás desarraigar, derribar, destruir y derrocar; otros deberás edificar y plantar.* (Jeremías 1:10, NTV)

Este versículo de la Escritura deletrea la función y el mandato actual
del apóstol y del profeta:

1. desarraigar,
2. derribar,
3. destruir,
4. derrocar,
5. edificar, y
6. plantar.

¿Qué sucede cuando no veo que mis promesas se cumplen? ¡Es hora de tirar a Jezabel del tren! Es tiempo de saltar sobre el enemigo y arrancar algunas cosas.

Si usted está en una situación que está en mal estado, tiene que derribar las fortalezas, destruir la obra del enemigo, y comenzar a edificar eso que Dios desea en su lugar. Cuando cumplimos estos seis pasos, hacemos venir el cielo a la tierra, resultando en la aceleración del cumplimiento de las promesas de Dios. Las seis claves que se encuentran en Jeremías 1:10 desatan avances duraderos en ciudades, regiones y naciones.

Destruyendo la obra del enemigo

Las primeras cuatro claves lidian con la guerra espiritual. Sabemos por Efesios 6:10–18 que ni siquiera puede ponerse la armadura de Dios sin primero purificarse usted mismo. La primera pieza de la armadura es el cinturón de la verdad. No solamente se refiere a creer en la Palabra de Dios, sino también habla de honestidad. Si va a ir a la guerra en el reino espiritual, es mejor que confiese y sea brutalmente honesto con Dios sobre su vida.

¿Por qué es esto tan importante? Porque satanás conoce sus debilidades, sus pecados pasados, y todo con lo que usted batalla. También conoce todo lo que usted barre debajo de la alfombra y que se niega a tratar. Y cuando usted esté en el fragor de la batalla, él sacará esas cosas y las utilizará para dispararle y tumbarlo. Él le hará impotente e inútil a causa de sus propias faltas, pecados y desobediencia. ¿Puede ver por qué la primera clave en la lista de pasos para la aceleración es "desarraigar"? Los apóstoles y los profetas ponen una demanda en el cuerpo de Cristo para desarraigar, derribar, destruir y derrotar la carnalidad, la mundanalidad y la influencia demoniaca. Creo que es por esa razón que hay una gran ola de arrepentimiento moviéndose en las iglesias en la actualidad. Conforme los apóstoles y profetas son establecidos en su lugar, el Espíritu Santo fluye a través de ellos para purificar la iglesia para la guerra, una guerra que ocasiona que el cielo venga a la tierra y acelera el cumplimiento de las promesas de Dios.

Desarraigar

La palabra hebrea para esta clave es *nathash*, que significa "tirar, expulsar, arrancar".[8] Antes de que podamos desarraigar las obras de las tinieblas en ciudades, regiones, y naciones, debemos desarraigar las obras de las tinieblas de nuestras propias vidas e iglesias.

> No dejéis espacio [tal] o un punto de apoyo para el diablo [no le des ninguna oportunidad].   (Ephesians 4:27, AMP)

Satanás no puede y no se expulsará a sí mismo. Si usted está "durmiendo con el enemigo", él no tiene que someterse a su autoridad. ¡La verdad es que realmente usted no tiene autoridad hasta que él no tenga lugar en su mesón!

Al tratar con sistemas de raíces espirituales, debemos recordar cavar profundamente. Al igual que en la tala de árboles o la eliminación de maleza y otras plantas no deseadas, si todo el sistema de raíces no es eliminado, la planta volverá a crecer. Muchas veces, los creyentes se ocupan solamente del fruto del problema. Se quedan en la superficie y se preguntan por qué no ven la victoria duradera sobre áreas de pecado y debilidad.

A menudo es doloroso escarbar profundamente y enfrentar nuestras mayores dudas, temores, pecados y traumas del pasado, pero debemos hacerlo si vamos a ser libres del yugo del enemigo. Debemos llegar a la raíz del problema. Luego, a través del arrepentimiento y la guerra espiritual, podemos deshacernos del fruto amargo de satanás para siempre.

Derribar

La palabra hebrea para "derribar" es *nathats*, que significa "colapsar, desterrar, tumbar, abatir, destruir, derribar, estallar".[9]

Cuando somos brutalmente honestos con Dios sobre nosotros mismos y vamos a la raíz del problema, es el tiempo de emplear las armas de

---

8. *Concordancia Strong* #H5428.
9. *Concordancia Strong* #H5422.

nuestra milicia para destruir al enemigo. Una vez que satanás es derrotado en nuestras vidas personales y en nuestra iglesia local, entonces podemos derrotarlo definitivamente en los territorios y las naciones de la tierra.

> *Usamos las poderosas armas de Dios, no* [meramente] *armas mundanas, para derribar las fortalezas* [del diablo]....
>
> (2 Corintios 10:4, NTV)

Una de las primeras veces que mis ojos se abrieron a la guerra que se lleva a cabo sobre las vidas de las personas ocurrió cuando recibí una visión en el otoño de 1988. Yo estaba tocando la batería en una banda de alabanza, y cuando toqué los címbalos, una de mis baquetas se convirtió en una gran espada en el Espíritu. Había cuerdas que provenían de los cielos y atravesaban el techo del auditorio, y estaban unidas a algunas personas allí presentes en el servicio. Conforme continué tocando la batería, la espada cortó y derribó esas sogas de tinieblas y las derribó.

Entonces tuve una visión de una joven pareja a la cual yo jamás había visto antes. El Señor me reveló lo que ellos estaban pasando y que estaban atados por el enemigo. Yo continué tocando, pero también empecé a interceder por esa pareja. ¡A los pocos minutos ellos entraron por la puerta trasera! Tuve que frotarme los ojos un par de veces para asegurarme de que no estaba imaginándome cosas. Dejé mis baquetas, e hice un llamado al altar, y esta joven pareja pasó al frente. Cuando les ministré de acuerdo a la visión que yo tuve, ¡ellos fueron liberados y recibieron salvación! ¡Gloria a Dios!

Cada vez que nos involucremos en guerra espiritual y usemos esta llave de derribar fortalezas, experimentaremos nuevas dimensiones de libertad y claridad.

> *Pues aunque andamos en la carne, no militamos según la carne; porque las armas de nuestra milicia no son carnales, sino poderosas en Dios para la destrucción de fortalezas, derribando argumentos y toda altivez que se levanta contra el conocimiento de Dios, y llevando cautivo todo pensamiento a la obediencia a Cristo, y estando prontos para*

castigar toda desobediencia, cuando vuestra obediencia sea perfecta.

(2 Corintios 10:3–6)

Los apóstoles y profetas son personas de guerra. Pelear por las almas en el mundo espiritual es la vida normal y cotidiana de ellos. La palabra griega para *"milicia"* en 2 Corintios 10:4 es *strateia*, de la cual obtenemos la palabra *estrategia* en español. Significa "una expedición, campaña, servicio militar, ej. (figuradamente) la carrera apostólica (como una de dificultades y peligros); guerra". Dios ha dado a los apóstoles la tarea de levantar personas a través de oración estratégica para que así, ellos puedan poseer la tierra y traer gente a Jesucristo.

El apóstol Pablo nos dice que parte de su profesión apostólica y su deber es enfrascarse en guerra espiritual estratégica y entrenar a otros para hacer lo mismo. La guerra estratégica es parte de nuestra carrera apostólica. Es hora de que la iglesia entre en batalla contra las fuerzas de las tinieblas con el ejército de los cielos. Cada creyente tiene un puesto que ocupar en la batalla.

Este mandamiento, hijo Timoteo, te encargo, para que conforme a las profecías que se hicieron antes en cuanto a ti, milites por ellas la buena milicia. (1 Timoteo 1:18)

De acuerdo a Efesios 6:17, su espada es la Palabra de Dios; pero de acuerdo a 1 Timoteo 1:18, también es la palabra profética del Señor que usted recibe para pelear la buena batalla de la fe. Recuerde: La Biblia dice que la Palabra de Dios es más cortante que una espada de doble filo. (Véase Hebreos 4:12). Recoja las profecías y la Palabra de Dios y úselas como una espada. Declare y decrete lo que el Señor ha dicho para librar una buena batalla.

La espada de dos filos también tiene un doble impacto en la guerra. Mientras que la Palabra de Dios y sus profecías que le han sido dadas a usted sirven como un escobillón para abrirle paso a la manifestación y demostración de lo que Dios le ha prometido, también derriban las fortalezas del enemigo

Destruir

¡La palabra hebrea para *"destruir"* incluso suena mal! Es *abad*, que significa "fracasar, desvanecerse, irse, extraviado, ser destruido".[10]

Esta es la definición más pintoresca que yo he encontrado sobre esta palabra. *Abad* se usa para describir la caída de naciones, la extinción de cultivos y la desaparición gradual de fuerza, esperanza, sabiduría, conocimiento y riqueza. Es aplicada a la destrucción de templos, imágenes y pinturas. Sugiere una derrota total (véase Josué 7:7), derrocar a una nación (véase Deuteronomio 28:51), y la toma de una vida. *Abad* también puede significar "vagar sin rumbo, sin orientación, especialmente usado como una oveja errante y perdida".

¡Esta es una palabra violenta! Dios está levantando destructores santos para desolar las obras del enemigo. Va a requerir nada menos que un asalto santo contra satanás y sus demonios para ver un avance duradero en la tierra. Cuando hayamos terminado con *ellos*, deberán estar deambulando sin rumbo, sin orientación, sin poder para hacer nada en la tierra.

O la iglesia los destruye o ella será destruida, porque el enemigo no se detendrá a menos que nosotros lo detengamos.

El ladrón no viene sino para hurtar y matar y destruir. (Juan 10:10)

Me he encontrado con muchos creyentes que prefieren vivir en ignorancia de la guerra espiritual. ¡Para ellos, todo está bien siempre y cuando todo está bien! Me ha dolido en mi corazón ver a algunas de esas personas pasar por devastación y pérdida porque se rehúsan a entrar en guerra espiritual estratégica.

Yo tomé una decisión hace mucho tiempo de que no iba a ser una bolsa de boxeo o un tapete para el enemigo. Si alguna vez llega a mi puerta, ¡estoy listo! El León de la tribu de Judá rugirá a través de mí: "¿Tocaste?". En estos días yo me levanto en la mañana buscando destruir las obras de las tinieblas. Le pido al Espíritu Santo que me muestre a alguien para arrebatarlo del fuego o a alguien a quien yo pueda ministrar sanidad y liberación.

---

10. *Concordancia Strong* #H6.

Hay una película que tipifica la actitud de agresión que debemos tener en la iglesia para derrotar al enemigo. *Enough* [Basta] es la historia sobre una esposa golpeada que toma a su hija y deja a su esposo abusivo para salvar su propia vida. A lo largo de la película, su esposo trata de encontrarla y matarla. Después de pasar por un encuentro cercano tras otro, la esposa finalmente decide dejar de ser la víctima —la que ha sido perseguida— y elige pasar a la ofensiva. Ella descubre que su marido está planeando matarla mientras se encuentra en la ciudad para una audiencia legal sobre la custodia de su hija. Si ella no asiste a la audiencia, el juez decidirá que su hija tendrá que vivir con su padre abusivo. Así que ella entra en razón, toma clases de artes marciales, y estratégicamente planea cómo derrotar a su enemigo en su propio territorio.

Ella logra escapar de los tiranos que su esposo contrata para seguirla y vuela a la ciudad en donde él vive. Ella se logra introducir en la casa de su esposo mientras que él no está y se prepara para emboscarlo. ¡Esta señora es dura! Corta las líneas telefónicas, instala un sistema que bloquea las señales para teléfono celular, reacomoda el mobiliario y arregla las luces para que se prendan y apaguen inmediatamente. Luego se unta aceite en el cuerpo para que si él la golpea, el impacto se le resbale. Se amarra sus botas con casquillo de acero, se pone sus nudillos de bronce y espera a su enemigo.

Cuando él llega a casa, ¡él no sabe quién le pegó! Es como el guion de esas series viejas de Batman. *¡Pum! ¡Bam!* No digo esto para defender la violencia entre la gente; pero, para mí, este es un retrato de la novia de Cristo guerreando contra el enemigo, siendo tan fuerte que el diablo no sabe lo que lo golpeó. Se queda para vagar alrededor de la tierra totalmente desorientado, perdido y desolado.

Es hora de que los hijos de Dios declaren: "¡Basta!". ¡Es hora de cumplir la misión de Jesucristo, encarar al enemigo en su propio territorio, y derrotarlo! ¡Es hora de untarnos aceite con la unción del Espíritu Santo para que nada de lo que el enemigo intente para derribarnos le funcione!

El yugo se pudrirá a causa de la unción.   (Isaías 10:27)

¡Es tiempo de que nos pongamos toda la armadura de Dios y noqueemos al enemigo en el nombre de Jesús!

Derrocar

La palabra hebrea en Jeremías 1:10 (NTV) para "*derrocar*" es *harac*, que significa "romper, colapsar, derribar, golpear, quebrar, derrumbar, destruir… arrancar, derribar… arruinar, destruir completamente".

Porque las armas de nuestra milicia no son carnales, sino poderosas en Dios para la destrucción de fortalezas. (2 Corintios 10:4)

Una vez que desarraigo, derribo y destruyo al enemigo, es tiempo de derrocarlo. Una cosa es golpear al enemigo hasta el cansancio; ¡y otra cosa muy diferente es destronar al enemigo y mandarlo a empacar sus maletas! Una cosa es ganar unas cuantas batallas; es otra cosa muy diferente ganar la guerra. Si usted ha peleado así de duro por tanto tiempo, ¡pues continúe y diviértase!

Tome su asiento en lugares celestiales con Jesucristo; junte todas las raíces, cuerdas y fortalezas del enemigo y entonces derríbelas. Haga cumplir la obra de Jesús completamente despojando a los principados y potestades, gobernadores de las tinieblas de este mundo, y huestes espirituales de maldad en las regiones celestes de toda autoridad sobre ciudades, regiones y naciones. ¡Aleluya!

El trabajo de los apóstoles y profetas de Dios está apenas a la mitad de ser terminado, pero aun ahora, usted puede ver cómo el cumplimiento de la Palabra de Dios se acelera cuando el cuerpo de Cristo declara la guerra contra el enemigo y pelea contra él estratégicamente. En el siguiente capítulo verá cómo el cielo es soltado en la tierra y cómo la aceleración se incrementa cuando la presencia y el gobierno de Dios son establecidos a través de los dos pasos finales de la aceleración: *edificar* y *plantar*.

6

ASEGURANDO PUESTOS DE AVANZADA ESPIRITUALES

Hoy te doy autoridad para que hagas frente a naciones y reinos. A algunos deberás desarraigar, derribar, destruir y derrocar; a otros deberás edificar y plantar.   (Jeremías 1:10, NTV)

Muchos historiadores creen que la Segunda Guerra Mundial fue ganada porque las tropas de los Aliados establecieron un puesto de avanzada en Normandía, habilitándoles para recibir municiones, comida, equipo y refuerzos para avanzar la invasión en Europa.

El apóstol Pablo siempre estableció un puesto ministerial de avanzada. En cada pueblo o ciudad, él formaba un núcleo de creyentes y un lugar estratégico de operación para alcanzar el área total a la que Dios lo había llamado. Era un lugar seguro donde la transferencia de poder del reino de las tinieblas al reino de la luz podía comenzar conforme el reinado del Príncipe de Paz era establecido en esa región.

En la toma de territorio para Dios, después de que el enemigo ha sido desarraigado, derribado, destruido y derrocado, los apóstoles y profetas deben establecer un puesto de avanzada de paz para llevar las buenas nuevas del Príncipe de Paz y continuar declarando la guerra por las almas. Desgraciadamente, porque ha habido pocos apóstoles y profetas, la iglesia ha establecido pocos puestos de avanzada. Como resultado, el reino de Dios ha sufrido pérdidas. Trágicamente, hemos perdido creyentes: pérdidas de guerra que frecuentemente son jóvenes en el Señor. Muchas de estas pérdidas podrían ser evitadas si las estrategias proféticas fueran iniciadas por las autoridades apostólicas establecidas en ese lugar.

¿Se ha preguntado por qué tantos creyentes parecen dar dos pasos hacia delante y tres pasos hacia atrás? Tal vez usted mismo se ha sentido así. Se ha encontrado preguntándose a sí mismo: *¿Por qué estoy pasando por esta misma batalla una y otra vez?*

En la década de 1980, durante el resurgimiento de las verdades de la guerra espiritual, derribamos muchas fortalezas, pero no edificamos y plantamos en los lugares donde las fortalezas habían sido arrancadas. Por lo tanto, el enemigo volvió después de que dejamos nuestras reuniones de oración profética y nuestras jornadas de alabanza y encontró la casa vacía. Como resultado, ¡las cosas a menudo se pusieron peores que antes de que oráramos!

Como es usual, la Palabra de Dios tiene la respuesta para nosotros.

Cuando el espíritu inmundo sale del hombre, anda por lugares secos, buscando reposo, y no lo halla. Entonces dice: Volveré a mi casa de donde salí; y cuando llega, la halla desocupada, barrida y adornada. Entonces va, y toma consigo otros siete espíritus peores que él, y entrados, moran allí; y el postrer estado de aquel hombre viene a ser peor que el primero. Así también acontecerá a esta mala generación.

(Mateo 12:43–45)

Jesús estaba hablando de una persona que es liberada y entonces llenada con la Palabra de Dios, solo para recaer y ser llenada con aún más espíritus demoniacos que antes. Sus palabras también son para nuestra generación. Hay arrepentimiento y liberación generacional; hay arrepentimiento y liberación corporativa. La liberación de Europa por las tropas de los Aliados que terminó la Segunda Guerra Mundial es un gran ejemplo de la liberación corporativa en el ámbito natural.

Haciendo la obra de Dios

La presencia de Dios —y su orden y gobierno— deben *reemplazar* a los principados y potestades, los gobernadores de las tinieblas de este siglo, y las huestes espirituales de maldad en las regiones celestes sobre ciudades, regiones y naciones que han sido derrocados y derrotados. De lo contrario, el territorio que fue ganado en la guerra no podrá ser mantenido en paz. Para lograr esto, Dios usa apóstoles y profetas de alabanza para plantar y edificar en donde el enemigo reinó antes.

Edificar

En hebreo, la palabra traducida como *"edificar"* en Jeremías 1:10 es *banah*, que significa "reedificar, establecer, hacer continuar".[11] Anteriormente vimos cómo los apóstoles han de ser los padres en la fe, llamados a formar hijos que serán fieles a la guerra, la adoración y a trabajar para el Señor. Esto es parte de la edificación que los apóstoles efectúan. Los siguientes versículos se refieren a los dos: hijos e hijas naturales y espirituales.

> *He aquí, herencia de Jehová son los hijos; cosa de estima el fruto del vientre. Como saetas en mano del valiente, así son los hijos habidos en la juventud. Bienaventurado el hombre que llenó su aljaba de ellos; no será avergonzado cuando hablare con los enemigos en la puerta.*
>
> (Salmos 127:3–5)

Estos hijos e hijas "[hablan] *con* [sus] *enemigos en la puerta"*. La puerta es el lugar de gobierno en una ciudad o territorio. Y la palabra hebrea para "hablar" es *dabar*, que significa "declarar, conversar, ordenar, prometer, advertir".[12] Estas definiciones hablan de autoridad gubernamental.

---

11. *Concordancia Strong* #H1129.
12. *Concordancia Strong* #H1696.

De cierto te bendeciré, y multiplicaré tu descendencia como las estrellas del cielo y como la arena que está a la orilla del mar; y tu descendencia poseerá las puertas de sus enemigos. En tu simiente serán benditas todas las naciones de la tierra, por cuanto obedeciste a mi voz.

(Génesis 22:17–18)

En este pasaje de la Escritura, Dios le está diciendo a Abraham que él tendrá una semilla espiritual (la iglesia) y una semilla natural (la nación de Israel). Los creyentes producen semilla natural y semilla espiritual: hijos e hijas naturales e hijos e hijas espirituales. Dios mediante, nuestra semilla natural servirá a Dios y de esa manera será equivalente a nuestra semilla espiritual. Ellos literalmente "[poseerán] *las puertas de sus enemigos*".

Oídme, costas, y escuchad, pueblos lejanos. Jehová me llamó desde el vientre, desde las entrañas de mi madre tuvo mi nombre en memoria. Y puso mi boca como espada aguda, me cubrió con la sombra de su mano; y me puso por saeta bruñida, me guardó en su aljaba; y me dijo: Mi siervo eres, oh Israel, porque en ti me gloriaré. (Isaías 49:1–3)

Como Jesús, los hijos e hijas de los apóstoles hacen guerra espiritual para afectar a las naciones para que la cosecha de almas pueda ser recogida. La autoridad gubernamental de los apóstoles libera esos dones como flechas.

En Jueces 6, Gedeón derribó los altares de Baal y construyó un altar al Señor. En la guerra espiritual derribamos las fortalezas del enemigo y edificamos altares al Señor en su lugar.

Porque quitó los altares del culto extraño, y los lugares altos; quebró las imágenes, y destruyó los símbolos de Asera; y mandó a Judá que buscase a Jehová el Dios de sus padres, y pusiese por obra la ley y sus mandamientos. Quitó asimismo de todas las ciudades de Judá los lugares altos y las imágenes; y estuvo el reino en paz bajo su reinado. Y edificó ciudades fortificadas en Judá, por cuanto había paz en la tierra, y no había guerra contra él en aquellos tiempos; porque Jehová le había dado paz. Dijo, por tanto, a Judá: Edifiquemos estas ciudades, y cerquémoslas de muros con torres, puertas y barras, ya que la tierra es nuestra; porque hemos buscado a Jehová nuestro Dios; le hemos buscado, y él nos ha dado paz por todas partes. Edificaron, pues, y fueron prosperados. (2 Crónicas 14:3–7)

La esencia de la edificación apostólica se encuentra en la oración y la adoración, lo cual cubriremos en capítulos subsecuentes. Pero puede ver en este pasaje de 2 Crónicas cómo el edificar altares al Señor establece la paz y trae prosperidad. Los apóstoles y profetas son el fundamento gubernamental que trae la presencia y el orden de Dios a la tierra a través de la oración y la adoración. Su alabanza libera el cielo en la tierra, dando la aceleración sobrenatural para el cumplimiento de la Palabra de Dios.

¿Por qué? Porque la tierra es ahora habitada por Dios en lugar de ser habitada por las fuerzas de las tinieblas.

Pero tú eres santo, tú que habitas entre las alabanzas de Israel.
(Salmos 22:3)

Plantar

La palabra hebrea para *"plantar"* en Jeremías 1:10 es *nata*, que significa "modelar, fijar, establecer". Es golpear algo en la tierra tan profundamente que se fija ahí para siempre. Hay un arma de nuestra milicia que es especialmente efectiva: la espada del Espíritu, que saca las fortalezas del enemigo por las raíces, dando lugar a que la verdad de Dios sea plantada profundamente en la tierra.

Y en tu boca he puesto mis palabras, y con la sombra de mi mano te cubrí, extendiendo los cielos y echando los cimientos de la tierra, y diciendo a Sion: Pueblo mío eres tú. (Isaías 51:16)

Cuando proclamamos la Palabra de Dios, ¡estamos plantando el cielo en la tierra! Los ángeles están esperando a que declaremos su Palabra para que ellos puedan asistirnos. Y note que Dios pone sus palabras en nuestras bocas. Esto se refiere a la *proclamación profética*. Hemos de *proclamar* y declarar las palabras proféticas del Señor. Hemos de *profetizar* su voluntad y sabiduría en la tierra.

La fe proactiva trae el cielo a la tierra

Los creyentes apostólicos continuamente "encaran" al enemigo y declaran: "¡Tú no vas a tomar mis cosas! ¡No vas a tener mis bendiciones! ¡No robarás a los miembros de mi familia, a mis vecinos, o a mis compañeros de trabajo su salvación! ¡Fuera de mi tierra! ¡Fuera de mi territorio! ¡Soy un hijo del Rey, y este es el dominio del Rey!".

Cuando nos "hartamos de las trampas" y comenzamos a lidiar con el enemigo, el cielo viene a la tierra, y la aceleración acontece. Los pacifistas que están esperando una bendición nunca la verán. Si quiere acelerar la llegada de sus promesas, entonces necesita acelerarse a usted mismo en fe. Tiene que poner un pie en la Palabra y moverse en el Espíritu. Agarrar el ritmo de la carrera. Profetizar. Orar en el Espíritu.

La aceleración se produce cuando estamos firmes en fe y liberamos lo que Dios está diciendo en esta hora. ¡Él ve nuestra fe y su corazón salta! Él no ve nuestra necesidad; Él ve nuestra fe.

La fe trae aceleración

Dios no es conmovido por nuestras necesidades sino por nuestra fe. Podría llevarle a todo el mundo, a lugares donde la gente está en necesidad, y usted podría ver claramente que Dios no parece ser conmovido por sus necesidades, porque no está pasando nada. Pero cuando alguien se levanta en medio de esas personas, con fe en medio de la necesidad, Dios responde a esa fe. Y así es con usted y conmigo.

¿Está usted estresándose por su situación? Quizá sean sus finanzas, su salud o su trabajo. Imagínese que está en el océano, nadando hacia su destino. Su estrés está mandando sangre hacia el agua, y los tiburones (los demonios de satanás) le están rodeando. Cuando los demonios ven temor, duda, incredulidad y estrés, atacan.

Tiene que ir a la guerra y entregarle ese estrés a Dios —desarráiguelo, derríbelo, destrúyalo y derróquelo— ¡y después edifique un altar de adoración y plante la Palabra de Dios al declarar que usted es demasiado bendecido para estar estresado!

La Biblia declara en Romanos 10:17 que la fe viene por el oír la Palabra de Dios. También le dice en Judas 20 que orar en el Espíritu provoca que la fe se levante en su espíritu. Así que llénese con la Palabra de Dios y ore en lenguas para derrotar el estrés y la preocupación. Usted está lleno del Espíritu Santo. Usted tiene la Palabra de Dios. Y si Dios está con usted, ¿quién puede estar en contra de usted? (Véase Romanos 8:31).

Si Dios está en usted, usted puede estar confiado, porque Él es más fuerte que el diablo y todos sus demonios. Debe haber una agitación en su interior. Su hombre espiritual puede estar clamando: "Sé que esto se ve mal por el momento, pero al igual que Pablo y Silas, voy a tener fe. Voy a cantar y alabar a Dios en medio de esta situación, y Él la cambiará".

Sé que su mente religiosa está discutiendo conmigo. Está viendo su situación y está pensando: *Bueno, no he llegado a nada más que a un montón de dolor, deudas y problemas. No sé qué está pasando.*

Le voy a decir la verdad. Si usted continúa manteniendo esa forma de pensar, va a vagar en el desierto al igual que los hijos de Israel. Si toda esta predicación y enseñanza solo le incitan a discutir con la Palabra de Dios, entonces usted vagará y Dios levantará a otro igual que usted para que tome su Palabra, crea sus promesas, y siga adelante.

Ninguno de nosotros es "único". Dios dirá: "Saúl, apártate del camino, es tiempo de que un David se levante. ¡Elí, vete; es tiempo de que un Samuel se levante!". Él escogerá a otra persona. El reino de Dios no depende de que usted cumpla su destino divino. El reino de Dios es seguro. Si usted no cumple su destino, habrá vidas que no serán tocadas y habrá cosas que usted debería haber hecho que no serán hechas sin usted, pero el reino de Dios todavía se mantendrá fuerte.

Los hijos de Israel no creyeron. En lugar de eso, se quejaron y vagaron, pero eso no invalidó la promesa de Dios de que Israel poseería la Tierra Prometida. Había una generación que tenía que morir. Y me preocupa en mi espíritu cuando veo venir la Palabra de Dios a alguien que la acepta pero cuando no ve resultados inmediatos se empieza a frustrar. Eventualmente, sucumbirá a la incredulidad. Él es tal y como eran los hijos de Israel a los que no se les permitió entrar en la Tierra Prometida.

Entre tanto que se dice: Si oyereis hoy su voz, no endurezcáis vuestros corazones, como en la provocación. ¿Quiénes fueron los que, habiendo oído, le provocaron? ¿No fueron todos los que salieron de Egipto por mano de Moisés? ¿Y con quiénes estuvo él disgustado cuarenta años? ¿No fue con los que pecaron, cuyos cuerpos cayeron en el desierto? ¿Y a quiénes juró que no entrarían en su reposo, sino a aquellos que desobedecieron? Y vemos que no pudieron entrar a causa de incredulidad.

(Hebreos 3:15–19)

Entrar en guerra espiritual y edificar y plantar para mantener la paz requiere paciencia y fe. Hay un proceso para obtener la promesa. Algunas veces tiene que pasar por momentos difíciles para conseguir algo e ir a un lugar. Si no hay una prueba, no habrá testimonio. Si no hay prueba, no hay razón para usar su fe. No corra de lugar en lugar, ignorando la instrucción y corrección del Señor.

La Biblia dice que en los últimos días habrá un hambre de oír la Palabra del Señor. (Véase Amós 8:11). No dice que habrá un hambre de la Palabra del Señor. Dice que habrá un hambre de *oír* la Palabra del Señor. Esto significa que la gente que no quiere escuchar la Palabra de Dios, o las palabras proféticas que Él quiere darles, correrán y encontrarán a alguien que les diga lo que ellos quieren oír. ¡Esto es lo opuesto al orden apostólico! (Véase 2 Timoteo 4:3–4).

La Biblia dice que Dios se apresura —o se acelera— a *cumplir* su Palabra.

Dios no se apresura a cumplir su Palabra por aquellos que se rehúsan a guerrear.

Dios no se apresura a cumplir su Palabra por aquellos que no edificarán o plantarán.

Dios no se apresura a cumplir su Palabra por aquellos que se sientan y esperan a que las cosas sucedan.

Dios no se apresura a cumplir su palabra por aquellos que se quejan.

Dios no se apresura a cumplir su Palabra por aquellos que dudan y caen en incredulidad.

Dios no se apresura a cumplir su Palabra por aquellos que son movidos por lo que ven.

Dios se apresura a cumplir su Palabra —hay una aceleración para el cumplimiento de sus promesas— por aquellos que caminan en fe proactiva. A través de todo el desarraigar, derribar, destruir, derrocar, edificar y plantar, ellos avanzan creyendo que Dios vela por su Palabra para cumplirla.

Su papel diario en la aceleración

Si quiere ver a Dios apresurar su palabra para cumplirla en su vida, hay algunas cosas que usted necesita hacer. Hablamos sobre el acceso apostólico y la importancia de entrar en el orden y la unidad en el cuerpo de Cristo. Hemos visto la función apostólica de derrotar al enemigo y edificar el reino de Dios. Cuando eso sucede, Dios apresura su Palabra para cumplirla. Pero cada creyente tiene un papel vital que cumplir.

¿Cuánto tiempo pasa en oración?

¿Cuánto tiempo pasa en alabanza y adoración?

¿Cuánto tiempo está ayunando?

¿Cuánto tiempo está delante de Dios diciendo: "Señor, quiero ver que esta Palabra acontezca"?

¿Cree en las declaraciones proféticas que se han hablado sobre su vida, y está bombardeando los cielos con ellas?

¿Está enviando ángeles, o sus ángeles están sentados en una esquina, jugando con sus dedos?

¿Qué está haciendo con lo que Dios le ha dado: dones, talentos, recursos?

Si usted está de acuerdo con la Palabra de Dios y las palabras proféticas sobre su vida, va a ver un ímpetu en el cumplimiento de sus promesas.

Usted se atreve a ir más alto por medio de la oración, la alabanza y la meditación en la Palabra de Dios. Usted penetra en los cielos y ejecuta los cambios en el reino espiritual mediante la oración, la alabanza y la profecía en la presencia de Dios. Y al hacer esto, usted entra en otra dimensión del poder y la gloria de Dios, y las cosas comienzan a acelerarse en el reino natural.

La Palabra de Dios nos dice: *"Estas señales seguirán a los que creen"* (Marcos 16:17). No dijo que estas señales seguirán a Kathryn Kuhlman, Benny Hinn, o a Smith Wigglesworth exclusivamente. Si usted se hace apasionado y agresivo en la oración, la alabanza y el estudio de la Palabra de Dios, verá la aceleración llegar a su llamado y a su destino. El año próximo, cuando usted mire atrás, va a ver cómo las cosas que le habían eludido en el pasado ahora están en sus manos.

Hay creyentes que están a punto de entrar a toda velocidad. ¡Yo lo percibo! Algunos están a punto de efectuar saltos cuánticos en Dios. Conforme pase tiempo en su presencia y esté de acuerdo con su Palabra, va a romper los muros que le han estado deteniendo. Entonces, nada podrá oponerse a usted, porque usted tendrá acceso y aceleración apostólicos.

7

PREPARADO PARA LA POSESIÓN

Pero a medianoche, orando Pablo y Silas, cantaban himnos a Dios; y los presos los oían. Entonces sobrevino de repente un gran terremoto, de tal manera que los cimientos de la cárcel se sacudían; y al instante se abrieron todas las puertas, y las cadenas de todos se soltaron.

(Hechos 16:25–26)

Los gemelos del tiempo de Dios: *Repentino e Inmediato*

Conforme se levanta, como Pablo y Silas, Dios soltará sus "gemelos del tiempo": *Repentino e Inmediato*, los cuales abrirán puertas a la oportunidad y avance. ¡*Repentino* va a cambiar las cosas, e *Inmediato* va a abrir las puertas! Usted va a caminar a través de las puertas que habían estado cerradas y experimentará el favor de Dios como nunca antes.

Repentino e *Inmediato* están a punto de aguarle la fiesta al diablo. Pensó que le tenía puesto contra la pared, pero *Inmediato* viene a abrir la puerta y a soltarle a usted de lo que sea que le ate.

¿Está cansado de estar atado? ¿Está cansado de ver a su familia, amigos y nación atados?

Despertando el carcelero, y viendo abiertas las puertas de la cárcel, sacó la espada y se iba a matar, pensando que los presos habían huido. Mas Pablo clamó a gran voz, diciendo: No te hagas ningún mal, pues todos estamos aquí. El entonces, pidiendo luz, se precipitó adentro, y temblando, se postró a los pies de Pablo y de Silas; y sacándolos, les dijo: Señores, ¿qué debo hacer para ser salvo? Ellos dijeron: Cree en el Señor Jesucristo, y serás salvo, tú y tu casa. Y le hablaron la palabra del Señor a él y a todos los que estaban en su casa. Y él, tomándolos en aquella misma hora de la noche, les lavó las heridas; y en seguida se bautizó él con todos los suyos. (Hechos 16:27–33)

Nuevamente, ¡cuando *Repentino* e *Inmediato* se presentan, las almas se salvan y las ataduras son soltadas! No sé lo que usted esté pasando, pero *Repentino* e *Inmediato* están a punto de juntarse para caerle al diablo encima por usted. Ellos se van a encargar de esa circunstancia o situación.

Puede estar pensando: *Bueno, Joshua, a usted no le ha pasado nada. Todo le va bien. No tiene problemas. Nada más escribe libros, predica, emociona a la gente, y ellos le dan muchísimo dinero.*

Esto es lo que sucede cuando usted es un predicador: la gente no cree que usted tenga problemas o necesidades. No creen que haya tenido que vivir lo que usted predica. Bien, yo he pasado algunas cosas, ¡y puedo decirle lo que *no* debe hacer!

La desobediencia provoca retraso

¿Alguna vez ha sido refrenado? No ha sido realmente refrenado hasta que haya sido refrenado por Dios. Dios me ha llevado a través de tiempos difíciles. Vivíamos en una ciudad donde estábamos predicando en la radio, haciendo música dinámica, ganando a las almas perdidas para

Jesús, y viviendo en una casa bonita. Entonces Dios nos cambió a otra ciudad, me sentó y me dijo que no hiciera nada. "No inicies una iglesia; no convoques a una junta; no vayas a ningún lado, ni prediques; no busques trabajo. Yo les proveeré a ustedes".

En aquel tiempo, tenía dos casas en dos ciudades diferentes que tenía que pagar, una esposa e hijos que alimentar y vestir, y ningún ingreso. Probablemente usted piense que los cuervos nos alimentaron, como alimentaron a Elías junto al arroyo (véase 1 Reyes 17:4–6), que los pájaros tiraron dinero desde el cielo para pagar mi renta. O quizá que yo fui a mi árbol de dinero todos los días y arrancaba el efectivo de las ramas.

Pero eso no sucedió.

Posiblemente esté pensando que alguien a quien yo le profeticé o alguien por quien yo oré, alguien a quien yo bendije durante todos los años que viajé por América y las naciones, recibió una revelación de parte de Dios y me envió algo de dinero.

Pero eso tampoco sucedió.

Finalmente, cuando la fecha de las facturas estaban vencidas y yo necesitaba que Dios se manifestara, recibimos una llamada para ministrar, ¡y el Señor proveyó el dinero suficiente para pagar ambas cosas: las casas y todas nuestras facturas! Nos regocijamos como locos, pero aún estaba ahí esa frustración: *Dios, ¿por qué no hiciste eso hace tres días?*

¿Alguna vez ha estado en una situación similar?

Ahí es cuando el Espíritu Santo me reveló que la desobediencia provoca retrasos; detiene a su *Repentino* e *Inmediato*. Había cosas que Dios me había pedido hacer, pero por alguna razón, yo tardé en hacerlas. Y mi retraso en obedecer fue contagioso. El Señor me mostró que había varias personas a las que Él les había dado golpecitos en el hombro y les había pedido que me enviaran dinero, pero ellos no lo habían hecho. No era muy difícil entender lo que había sucedido. Porque yo no hice algo por alguien más, aquellos que se suponía que tenían que hacer algo por mí no lo hicieron. ¡Usted cosecha lo que siembra!

Mi esposa y yo decidimos que de ahí en adelante, si Dios nos pedía hacer algo, lo haríamos ahí en ese momento. Si Él nos despertaba en medio de la noche y nos decía que le diéramos cien dólares a alguien, iríamos a la casa de esa persona esa noche. ¿Por qué? Porque queríamos pasar a la temporada de *Repentino e Inmediato*. Desde que asumimos este compromiso, hemos experimentado tremendas bendiciones y favor en nuestras vidas

La incredulidad nos roba nuestras bendiciones

Eliseo contestó: "Oigan la palabra del Señor, que dice así: 'Mañana a estas horas, a la entrada de Samaria, podrá comprarse una medida de flor de harina con una sola moneda de plata, y hasta una doble medida de cebada por el mismo precio'". (2 Reyes 7:1, NVI)

En 2 Reyes 6 leemos una de las historias más horrorosas. Había tanta pobreza y hambruna en la tierra que algunas personas estaban comiéndose a sus propios hijos. Es difícil entender tal desesperanza y desesperación.

En medio de toda esa pobreza y dificultad, el profeta Eliseo profetizó que *"mañana a estas horas"* las cosas cambiarían. ¡Le dijo a la gente que se preparara, porque las cosas estaban a punto de cambiar! Iban a ir de la pobreza a la prosperidad, de la carencia a la abundancia.

Como mucha gente religiosa de nuestros días, había un incrédulo en medio de ellos que habló y expresó sus sentimientos de duda e incredulidad. El profeta le dijo: "Tú lo verás, pero no tendrás acceso". La palabra del Señor, declarada por medio del profeta, aconteció, ¡y la gente experimentó una victoria al siguiente día!

¿Qué pasó con el incrédulo? Él vio el cumplimiento de la palabra, pero no tuvo parte en ello.

El rey le había ordenado a su ayudante personal que vigilara la entrada de la ciudad, pero el pueblo lo atropelló ahí mismo, y así se cumplió lo que había dicho el hombre de Dios cuando el rey fue a verlo. De hecho, cuando el hombre de Dios le dijo al rey: "Mañana a estas horas, a la entrada de Samaria, podrá comprarse una doble medida de cebada con una sola moneda de plata, y una medida de flor de harina por el mismo precio", ese oficial había replicado: "¡No me digas! Aun si el Señor abriera las ventanas del cielo, ¡no podría suceder tal cosa!". De modo que el hombre de Dios respondió: "Pues lo verás con tus propios ojos, pero no llegarás a comerlo". En efecto, así ocurrió: el pueblo lo atropelló a la entrada de la ciudad, y allí murió.   (2 Reyes 7:17–29, NVI)

Si usted desea ser parte de las promesas de Dios, entonces debe creerle a Dios y a aquellos que Él envía a hablar en su vida.

Vemos con visión perfecta el plan de Dios para nuestras vidas en 2 Crónicas 20:20. La Palabra declara: *"Creed en Jehová vuestro Dios, y estaréis seguros; creed a sus profetas y seréis prosperados".*

Cuando creemos a los profetas de Dios, nosotros prosperamos. ¡Hay muchas organizaciones "sin profeta" en la iglesia de hoy! Porque están "sin profeta", también son sin fines de lucro. Ellas son de poco beneficio para el reino de Dios porque no recibirán o escucharán a los apóstoles y profetas de Dios. ¡Seamos como aquellas personas en 2 Reyes 7 que creyeron, y entraremos en la dimensión llamada *"mañana a estas horas"*!

Prepárese para poseer

Y a ti te daré las llaves del reino de los cielos; y todo lo que atares en la tierra será atado en los cielos; y todo lo que desatares en la tierra será desatado en los cielos.   (Mateo 16:19)

Y pondré la llave de la casa de David sobre su hombro; y abrirá, y nadie cerrará; cerrará, y nadie abrirá.   (Isaías 22:22)

La llave maestra: El tabernáculo de David

¿Alguna vez se ha preguntado por qué tanta gente parece ser incapaz de poseer sus promesas dadas por Dios? ¿Se está cansando de repeticiones religiosas y de los ministerios que parecen un carrusel de caballitos? ¿Se está haciendo la misma pregunta que la ancianita en los comerciales de Wendy's: "¿Dónde está la carne?".

¿Dónde está la cosecha?

¿Dónde están las señales y maravillas, milagros y sanidades?

¿Por qué hay tantos lugares vacíos en la iglesia hoy?

Si estas son las preguntas que usted se hace, entonces usted está en la compañía de muchos que, como yo, tienen una insatisfacción santa por la pérdida de tiempo vagando sin rumbo por el desierto.

¡Hijo de Dios, está llamado para poseer! No ha venido al reino en este tiempo para ser un caminante del desierto. ¡Ha sido escogido para entrar y poseer la tierra! ¡Está llamado para entrar y poseer la tierra! ¡Usted es llamado para ser un poseedor de promesas!

¿Cómo podemos liberar el cielo en la tierra? ¿Cómo podemos levantarnos y poseer la tierra? ¿Cómo entrará la iglesia en la unción para juntar la cosecha más grandiosa de todos los tiempos? De acuerdo a la Palabra de Dios, abrimos puertas con la llave de David, y por medio de la reconstrucción del tabernáculo de David nos posicionamos para la posesión.

> *En aquel día yo levantaré el tabernáculo caído de David, y cerraré sus portillos y levantaré sus ruinas, y lo edificaré como en el tiempo pasado; para que aquellos sobre los cuales es invocado mi nombre posean el resto de Edom, y a todas las naciones, dice Jehová que hace esto.* (Amos 9:11–12)

> Después de esto volveré, y reedificare el tabernáculo de David... para que el resto de los hombres busque al Señor.
> (Hechos 15:16–17, AMP)

Estas escrituras revelan vívidamente que una vez que nosotros nos dispongamos a colaborar con Jesús en la construcción del tabernáculo de David, entraremos a una unción de cosecha de almas sin precedentes. La revelación me es abundante en lo concerniente al tabernáculo de David, pero antes de que comparta algunas de estas verdades, necesito expresar la importancia de lo que está a punto de leer.

8

RECONSTRUYENDO EL TABERNÁCULO

En 1998 comencé fervientemente a buscar la mente de Dios sobre sus planes para la iglesia. Estaba pastoreando una iglesia joven y estaba desesperadamente anhelando que su mover fuera manifestado. Como muchos otros, yo había estado hambriento de introducir el diseño de Dios, su patrón, y modelo original para la iglesia. Poco después, comencé a enseñar una serie titulada "Proyectos apostólicos para la iglesia del siglo XXI". En esta serie dí un acrónimo de la palabra *diseño* para revelar lo que creo yo que es la mayor parte del proyecto para la iglesia

D.E.S.I.G.N.[13]

D – Orden Davídico de adoración e intercesión (reconstruyendo el tabernáculo de David)

E – Expresión de Eliseo de la unción de la doble porción (enseñanza, discipulado)

---

13. *Design* es una palabra en inglés que significa "diseño".

S – Sending (Factor enviar)

I – Visión internacional

G – Gobiernos y la iglesia gubernamental

N – No conformista (desafiando la mentira de la separación entre iglesia y estado)

Lo que voy a compartir ahora es una parte de lo que Dios me ha revelado acerca de la primera letra del acrónimo: D, u "orden Davídico de adoración e intercesión".

Para que podamos entender el orden davídico, necesitamos averiguar qué es el tabernáculo de David y cómo podemos reconstruirlo en nuestras ciudades y naciones. Nos podemos figurar una imagen de cómo el rey David recibió el patrón para el tabernáculo de David en 2 Samuel 6.

> *Pusieron el arca de Dios sobre un carro nuevo, y la llevaron de la casa de Abinadab, que estaba en el collado; y Uza y Ahío, hijos de Abinadab, guiaban el carro nuevo... Cuando llegaron a la era de Nacón, Uza extendió su mano al arca de Dios, y la sostuvo; porque los bueyes tropezaban. Y el furor de Jehová se encendió contra Uza, y lo hirió allí Dios por aquella temeridad, y cayó allí muerto junto al arca de Dios.* (2 Samuel 6:3, 6–7)

Como muchas iglesias "amigables con Uza" están descubriendo hoy día, ¡David aprendió por las malas que no se puede transportar la presencia de Dios sobre una carretilla!

La "carretilla" en la historia representa el pensamiento de la humanidad y sus métodos. La carretilla está en muchas iglesias hoy día en forma de programas, agendas políticas para obtener popularidad y tradiciones de hombres. La muerte de Uza, cuyo nombre significa "fuerza", claramente revela que no podemos arrear, dictar, o controlar el mover de Dios con nuestra fuerza natural o con nuestras habilidades.

Después de la muerte de Uza, el rey David buscó al Señor para recibir dirección. En 2 Samuel 6:9, David preguntó: "*¿Cómo ha de venir a mí el* *arca de Jehová* [la presencia de Dios]?". Esta es una pregunta que debiéramos hacer hoy.

David envió a sus siervos a buscar en las Escrituras para ver cómo mover el arca, y nosotros deberíamos hacer lo mismo hoy. Él descubrió que el arca del Señor —la presencia de Dios— debe ser llevada sobre los hombros de los sacerdotes. La Palabra de Dios declara que una vez que el rey David puso las cosas en orden haciendo que los sacerdotes llevaran el arca y ofrecieran sacrificios a Dios, él fue capaz de llevar a todo Israel a la ciudad en un desfile de alabanza victoriosa. David danzó ante el Señor con toda su fuerza, y la gente gritaba y tocaba instrumentos. (Véase 1 Crónicas 15:26–28; 2 Samuel 6:14).

Una vez que el arca fue llevada con seguridad de vuelta a Jerusalén, la colocaron en una tienda que David había levantado específicamente para ella. Entonces David asignó levitas para ministrar delante del arca del Señor —la presencia de Dios—, para *registrar, agradecer* y *alabar* al Señor Dios de Israel continuamente: 24/7, 365 días al año. (Véase 1 Crónicas 16:1, 4, 37).

En estos pasajes de la Escritura nos enteramos de que el tabernáculo de David era una tienda que albergaba el arca del Señor. Primera de Crónicas 25:7 dice que 288 cantores estaban asignados para ministrar al Señor continuamente en intercesión, alabanza y adoración.

Tal vez se esté preguntado si el tabernáculo de David es para nuestro tiempo, y si es así, ¿cómo lo podemos reconstruir? Sí, es para hoy. Comenzando con el rey David y su hijo Salomón, este patrón se ha transmitido como un patrón eterno, un patrón celestial.

> *Y David dio a Salomón su hijo el plano del pórtico del templo y sus casas, sus tesorerías, sus aposentos, sus cámaras y la casa del propiciatorio. Asimismo el plano de todas las cosas que tenía en mente para los atrios de la casa de Jehová, para todas las cámaras alrededor, para las tesorerías de la casa de Dios, y para las tesorerías de las cosas santificadas….* (1 Crónicas 28:11–12)

En 2 Crónicas vemos los resultados de la obediencia de Salomón para seguir el patrón.

Y los levitas cantores, todos los de Asaf, los de Hemán y los de Jedutún, juntamente con sus hijos y sus hermanos, vestidos de lino fino, estaban con címbalos y salterios y arpas al oriente del altar; y con ellos ciento veinte sacerdotes que tocaban trompetas, cuando sonaban, pues, las trompetas, y cantaban todos a una, para alabar y dar gracias a Jehová, y a medida que alzaban la voz con trompetas y címbalos y otros instrumentos de música, y alababan a Jehová, diciendo: Porque él es bueno, porque su misericordia es para siempre; entonces la casa se llenó de una nube, la casa de Jehová. Y no podían los sacerdotes estar allí para ministrar, por causa de la nube; porque la gloria de Jehová había llenado la casa de Dios. (2 Crónicas 5:12–14)

Todos los líderes que siguieron la pauta que David recibió del Señor poseían promesas y prosperaron. La Palabra del Señor da cuentas de siete líderes que siguieron este patrón del tabernáculo de David. Dos de esos líderes fueron Nehemías y Ezequías.

Nehemías reedificó los muros construyendo como David lo hizo. (Véase Nehemías 11–12). Acerca de Ezequías, leemos:

E hizo lo recto ante los ojos de Jehová, conforme a todas las cosas que había hecho David su padre. En el primer año de su reinado, en el mes primero, abrió las puertas de la casa de Jehová, y las reparó. E hizo venir a los sacerdotes y levitas, y los reunió en la plaza oriental. Y les dijo: ¡Oídme, levitas! Santificaos ahora, y santificad la casa de Jehová el Dios de vuestros padres, y sacad del santuario la inmundicia. (2 Crónicas 29:2–5)

Jesús se hizo eco del profeta Isaías al llamar el tabernáculo de David una *"casa de oración"* (Mateo 21:13; véase también Isaías 56:7). El apóstol Juan reveló la belleza del tabernáculo de David en Apocalipsis 4–5. Y en Hechos 13:2 vemos el principio sacerdotal del ministerio a Dios tal y como se practicaba en el tabernáculo de David. En este pasaje, los líderes ministraron a Dios, y como resultado, los apóstoles Pablo y Bernabé fueron enviados a cambiar al mundo. Vemos que una vez que el tabernáculo de David fue reconstruido, la gloria de Dios sobrecogió ciudades y naciones. Conforme esto suceda en las iglesias hoy, vamos a levantar la mayor cosecha de almas que el mundo haya visto.

La alabanza edifica una habitación para el Señor

La única manera que tenemos de reconstruir el tabernáculo de David es crear una habitación en la cual Dios pueda morar. Lo hacemos por medio de intensa alabanza y adoración corporativa y por medio de oración de intercesión unida y ferviente. Esto requiere corazones puros y sinceros de hombres y mujeres que pondrán sus ojos en el Señor.

Es nuestra visión establecer un centro en el área de Orlando donde podamos emplear equipos de salmistas, músicos y danzantes para cubrir ocho turnos de tres horas cada día. Comenzamos a efectuar esta misión estableciendo la Escuela de Adoración Corazón de David, donde tenemos reuniones mensuales con el objetivo de restaurar la pasión por ministrar a Dios mediante la oración, alabanza y adoración. También viajamos por todo el país y en el extranjero para ayudar a otros líderes en la creación de centros como el nuestro en sus ciudades y naciones.

¿Qué vamos a poseer con la reconstrucción del tabernáculo de David?

En aquel día yo levantaré el tabernáculo caído de David, y cerraré sus portillos y levantaré sus ruinas, y lo edificaré como en el tiempo pasado; para que aquellos sobre los cuales es invocado mi nombre posean el resto de Edom, y a todas las naciones, dice Jehová que hace esto. He aquí vienen días, dice Jehová, en que el que ara alcanzará al segador, y el pisador de las uvas al que lleve la simiente; y los montes destilarán mosto, y todos los collados se derretirán. Y traeré del cautiverio a mi pueblo Israel, y edificarán ellos las ciudades asoladas, y las habitarán; plantarán viñas, y beberán el vino de ellas, y harán huertos, y comerán el fruto de ellos. Pues los plantaré sobre su tierra, y nunca más serán arrancados de su tierra que yo les di, ha dicho Jehová Dios tuyo. (Amós 9:11–15)

Estos son solo cinco de las muchas bendiciones que pueden ser recibidas cuando nos posicionamos para poseer al reconstruir el tabernáculo de David:

1. ¡Vamos a poseer la cosecha! (almas, almas, almas)

2. ¡Vamos a poseer el vino nuevo! (refrescante, renovación y avivamiento)

3. ¡Vamos a poseer, reconstruir y habitar ciudades! (transformación de ciudades)

4. ¡Vamos a poseer provisión! (y el diablo no podrá robarla)

5. ¡Vamos a poseer la tierra! (para siempre, nunca seremos desalojados)

¿Está listo para poseer la cosecha? ¿Está sediento del vino nuevo del Espíritu Santo? ¿Le gustaría ser parte de la transformación de su ciudad? ¿Le suena bien vivir en la ciudad donde hay "más que suficiente"? ¿Está cansando de ser un caminante del desierto? Si es así, cambie sus sandalias por botas de montaña y levántese como un poseedor de promesas hoy. Vamos a levantarnos con la unción davídica, como lo hicieron Nehemías y Ezequías, blandiendo la espada de la alabanza con una mano y la pala de oración con la otra mano. ¡Juntos vamos a reconstruir los muros del tabernáculo de David y poseer la tierra!

Su parte en el proceso de edificación

La reconstrucción del tabernáculo de David no es solo una gran idea para el cuerpo de Cristo corporativo; sino que también es para usted personalmente, conforme usted camina a través de su vida y ministerio.

¿Qué debe hacer cuando ya hizo todo lo que podía hacer y nada está sucediendo?

¿Qué debe hacer cuando la vida le lanza una bola realmente mala?

¿Qué debe hacer cuando las cosas van tan rápidas y frenéticas que usted tiene que detenerse a pensar un minuto y recordar su nombre? ¡Edifíquele a Dios una habitación por medio de la alabanza!

Levante sus manos y alábele cuando las cosas no se ven bien. Cuando no parezca estar bien o sentirse bien, y usted no ve que nada sucede, alábelo de todas maneras. Si usted llena su boca de alabanza y deja que el fruto de sus labios dé acciones de gracias y honor al nombre de Jesús —sin importar lo que usted esté pasando—, obtendrá acceso a lugares y a personas, verá una aceleración de las promesas de Dios, y verá el flujo de la abundancia para que pueda cumplir su destino. Las cosas que habían estado atadas serán soltadas. Las bendiciones que se habían retrasado serán desplegadas delante de sus ojos. ¿Por qué? Porque usted ha ido a la guerra en los lugares celestiales por medio de la alabanza y adoración a Dios.

9

DESATANDO EL PODER DE LA ALABANZA

Y Judá también peleará en Jerusalén. Y serán reunidas las riquezas de todas las naciones de alrededor: oro y plata, y ropas de vestir, en gran abundancia.   (Zacarías 14:14)

Como hemos hablado, *Judá* significa "alabanza". La alabanza genuina pelea. Estoy hablando de una alabanza como un grito de guerra: alabanza que milita. No una alabanza cobarde, donde esté pensando en todas las cosas que podría estar haciendo. Estoy hablando de alabanza enfocada, intensa, apasionada. La única manera en que usted verá un avance es por medio de alabar a Dios con todo su corazón, mente, alma y fuerza.

Cuando lanza todo su ser en alabanza, sus manos se convierten en armas. La Biblia dice que el Señor enseña a nuestras manos a guerrear, a pelear. (Véase Salmos 144:1). Cuando usted aplaude como una forma de alabanza a Dios, está golpeando al enemigo. Cuando levanta sus pies y empieza a danzar en alabanza al Señor, está poniendo al diablo debajo de sus pies. Está haciendo del enemigo el estrado de sus pies.

En el ring de boxeo, el que levanta sus manos al final es el ganador. El boxeador que brinca de arriba abajo con sus manos al aire es el victorioso. Cuando usted alaba y adora a Dios en medio de su batalla, usted se convierte en *más* que vencedor. (Véase Romanos 8:37).

Jesús es el vencedor porque le dio una patada a la puerta de la tumba y resucitó triunfalmente. Eso nos hace a usted y a mí más que vencedores cada vez que levantamos nuestras manos, ¡especialmente cuando estamos cansados y asustados y en necesidad de un milagro! En esos tiempos, decimos: "No importa cuáles sean las probabilidades, ¡somos más que vencedores por causa de Cristo Jesús!".

Tal vez usted solo levanta sus manos en alabanza cuando recibe algo bueno. Es muy bueno alabar y dar gracias a Dios cuando usted recibe algo bueno. ¿Pero qué si necesita algo? Si necesita algo, levante sus manos y dele alabanza a Jesús. Si le da alabanza a Él, entonces usted va a ver a sus enemigos huir y a su Dios levantarse.

Levántese Dios

Levántese Dios, sean esparcidos sus enemigos.   (Salmos 68:1)

¿Cómo se levanta Dios?

Él se levanta por medio de las alabanzas de su pueblo. Cuando le exaltamos, Él se levanta en medio de nosotros y esparce a nuestros enemigos. Él pone una emboscada a nuestros enemigos.

Cuando comienza a alabar a Dios, usted levanta una espada de dos filos. Su voz de alabanza a Dios corta los cielos, y los cielos no pueden detener sus bendiciones. ¿Por qué? Porque sus manos están levantadas, su voz es levantada, sus pies están danzando, está alabando a Dios, y el diablo está huyendo. Cuando el enemigo entra por un camino, la Biblia dice que él debe huir por siete caminos. (Véase Deuteronomio 28:7). ¡Está fuera de sí! ¡Ni siquiera puede encontrarse a sí mismo cuando le deja a usted!

Gobierne su alma

La única manera de gobernar los lugares celestiales y poseer territorios para el Señor es gobernando primero su propia alma. Debe tomar las riendas de su mente, voluntad, y emociones por medio del poder del Espíritu Santo.

Yo llamo a esto "control del alma". Si no controla su alma, ella le controlará a usted. Recuerde que usted es un espíritu que posee un alma que vive en un cuerpo. Mantenga eso en orden, y conquistará nuevos territorios cada día. El autogobierno incrementará la autoridad espiritual para reinar y gobernar en la vida. Conforme usted gobierne su alma, se elevará más alto en la alabanza profética. Cuando usted comience a someter sus sentimientos y emociones a la Palabra de Dios, verá grandes resultados que jamás había visto antes.

Si nunca ha hecho esto, al principio, cuando usted alaba a Dios y no siente ganas de hacerlo, su mente le va a decir: *Estás loco. Eres un hipócrita. Ni sientes nada de esto.*

Usted necesita responder diciendo: "¡No, no camino por sentimientos! ¡No camino por vista! ¡Camino por fe, y voy a alabarlo de todas maneras!".

Tal vez usted está pensando: *Bueno, si Dios hace este milagro, entonces le alabaré.*

Pero el Señor prácticamente dice: "Tú me alabas, y entonces yo lo haré".

¿Pues qué cree que es un sacrificio de alabanza? Un *sacrificio* es algo que usted hace, aun cuando no desea hacerlo. Su cuerpo le duele, su corazón le duele, alguien le fastidió; pero usted va a alabar a Dios muy a pesar de todo eso. Eso es un sacrificio.

Cualquiera puede alabar a Dios cuando se siente bien. Cualquiera puede alabar a Dios cuando todo va bien, y debemos hacerlo. "Alabado sea Dios, tengo dinero en el banco. Alabado sea Dios, me voy a casar. Alabado sea Dios, me ascendieron en el trabajo". ¿Pero qué tal cuando no tiene trabajo? ¿Qué tal cuando no tiene un lugar en donde vivir? ¿Qué tal cuando no tiene a un amigo que le escuche? ¿Le va a alabar entonces?

Todos están enojados con usted. Nadie lo quiere. Su familia le rechaza, pero usted dice: "Dios, te doy gracias porque tengo una familia en el cielo. Soy tu familia aquí en la tierra. Tengo a Jesús en mi corazón, mi Padre está en el trono, y el Espíritu Santo me está ayudando. Él es mi Consolador y mi Amigo".

El enemigo le probará porque usted está empezando a presionar por medio de la Palabra de Dios. Cuando usted comienza a encontrar cierta resistencia, su mente dice: *Vaya, yo no tenía todo este infierno cuando no estaba peleando. No tenía todos estos problemas cuando no estaba intentando hacer algo para Dios. Mientras pacíficamente coexistía con el diablo, y hacía concesiones con todos, todo iba muy bien. Voy a volver a ser como antes.*

¿Recuerda cómo era antes? Usted no era feliz. No estaba cumpliendo su destino. Nada más estaba ocupando espacio, succionando aire, no iba a ninguna parte. Pero ahora está peleando, está persiguiendo, se está moviendo; y está enfrentando cierta resistencia. ¡El lugar de resistencia no es el lugar para detenerse!

Alabe su camino a través del dolor

Si prosigue cuando no siente ganas de hacerlo —si le da alabanza a Dios cuando las cosas no están yendo bien—, las cosas comenzarán a cambiar. Sé que está pasando situaciones y enfrentando circunstancias difíciles en las que necesita un avance. La única manera de avanzar es alabando a través de todo el proceso. No va a suceder si solo habla de ello. No va a suceder si solo lo desea. No va a suceder si solo lo piensa. Va a tener que abrir su boca y alabar al Rey de Reyes. ¡Levante sus manos, grite, pise fuerte y dance!

10

TRAYENDO EL CIELO A LA TIERRA

Pues aunque andamos en la carne, no militamos según la carne; porque las armas de nuestra milicia no son carnales, sino poderosas en Dios para la destrucción de fortalezas. (2 Corintios 10:3–4)

Este pasaje es una imagen de la oración apostólica, oración de guerra contra los poderes de las tinieblas para que el velo de ceguera sobre la gente, ciudades y naciones sea removido, y la verdad del evangelio puede ser soltada y recibida.

Voy a declarar algo sobre el momento en que estamos viviendo. Creo que la iglesia no había doblado sus rodillas así desde el primer siglo. Creo que estamos en el tiempo en que las oraciones van a traer el cielo a la tierra y arrasarán naciones hacia el reino de Dios.

¿Por qué lo digo? Porque los creyentes realmente están buscando la mente y el corazón del Padre. Estamos escuchando lo que Él quiere que suceda en la tierra, y no estamos orando pequeñas oraciones como: "Por favor Dios, por favor, si es vuestra voluntad". En lugar de eso, estamos saliendo de nuestros lugares secretos y asistiendo a reuniones de oración para derribar las fortalezas del enemigo y liberar la palabra profética del Señor en la tierra.

> *Pídeme, y te daré las naciones como herencia tuya, y como posesión tuya los confines de la tierra.* (Salmos 2:8, LBLA)

La oración apostólica pide naciones, porque eso es lo que Dios quiere. ¡Dios está levantando "casas de Ana" que están dando nacimiento a la "generación Samuel"! Verá lo que yo quiero decir en un momento.

Usted sirve a un Dios grande que ama las peticiones grandes. Él desea que pida cosas grandes. Él está levantando guerreros de oración como Ana en este tiempo. Ellos no soltarán los cuernos del altar hasta que vean la voluntad de Dios cumplirse en la tierra como es en el cielo. El destino de Ana era ser fructífera y multiplicarse de acuerdo a la Palabra de Dios, y ella se negó a moverse hasta que vio la Palabra de Dios manifestarse en su vida.

> *Y se levantó Ana después que hubo comido y bebido en Silo; y mientras el sacerdote Elí estaba sentado en una silla junto a un pilar del templo de Jehová, ella con amargura de alma oró a Jehová, y lloró abundantemente. E hizo voto, diciendo: Jehová de los ejércitos, si te dignares mirar a la aflicción de tu sierva, y te acordares de mí, y no te olvidares de tu sierva, sino que dieres a tu sierva un hijo varón, yo lo dedicaré a Jehová todos los días de su vida, y no pasará navaja sobre su cabeza. Mientras ella oraba largamente delante de Jehová, Elí estaba observando la boca de ella.* (1 Samuel 1:9–12)

Esto es lo que está pasando con la iglesia en estos momentos. Hay una compañía de intercesores, un pueblo de guerra, que están orando como antes no se había orado. Están entrando en nuevas dimensiones de la guerra espiritual, y muchas de las personas religiosas y tradicionales no entienden lo que ellos están haciendo. Al igual que Elí, están señalando las bocas de los guerreros de oración. Pero debemos continuar orando, ¡porque de nuestros espíritus, nuestras oraciones darán nacimiento a una generación Samuel que este mundo jamás haya conocido!

> *Entonces le dijo Elí: ¿Hasta cuándo estarás ebria? Digiere tu vino. Y Ana le respondió diciendo: No, señor mío; yo soy una mujer atribulada de espíritu; no he bebido vino ni sidra, sino que he derramado mi alma delante de Jehová. No tengas a tu sierva por una mujer impía; porque por la magnitud de mis congojas y de mi aflicción he hablado hasta ahora. Elí respondió y dijo: Ve en paz, y el Dios de Israel te otorgue la petición que le has hecho.*
>
> (1 Samuel 1:14–17)

Ana continuó en oración aun cuando la orden religiosa la señaló y la acusó de estar ebria. Debemos tener este mismo espíritu de excelencia si vamos a ir más alto. Dios honró su fe, su perseverancia y su valentía. Se le otorgó acceso, y el gran profeta Samuel nació de ella.

En el proceso de orar para obtener la promesa, ¡Ana llegó más alto!

> *Y ella dijo: Halle tu sierva gracia delante de tus ojos. Y se fue la mujer por su camino, y comió, y no estuvo más triste.*   (1 Samuel 1:18)

Cuando Dios le concede acceso y llega más alto, tiene que quitarse el cilicio y la ceniza y alabarle. ¡Adore al Señor por su promesa!

> *Y levantándose de mañana, adoraron delante de Jehová, y volvieron y fueron a su casa en Ramá. Y Elcana se llegó a Ana su mujer, y Jehová se acordó de ella. Aconteció que al cumplirse el tiempo, después de haber concebido Ana, dio a luz un hijo, y le puso por nombre Samuel, diciendo: Por cuanto lo pedí a Jehová.*   (1 Samuel 1:19–20)

Todo esto sucedió porque Ana oró. Le pidió a Dios un hijo, y sus oraciones dieron nacimiento al profeta Samuel, quien tuvo la unción para cambiar los cielos.

Cambiando los cielos

Sus oraciones también cambiarán los cielos.

¡Dios está levantando otras Ana que darán a luz a Samuel! Veo congregaciones enteras ser transformadas por el poder del Espíritu en "casas de Ana". Estas casas de Ana darán nacimiento a la mayor generación profética que el mundo haya visto. Escucho al Señor decir: "Ana, Ana, ven y da a luz a mi Samuel". ¿Puede oírlo llamar? "¡Ana, Ana, ven!". Escucho al Señor decir: "Samuel, Samuel. Sí, una generación de Samueles se está levantando".

¡Los Samueles son personas de *cambio*! Ellos son una "generación de cambio", y dondequiera que van, cambian atmósferas. Cualquier cosa que ellos profetizan, acontece.

Samuel profetizó, y ninguna de sus palabras dejó de causar impacto. Samuel cambió el sacerdocio, y cambió gobiernos. Profetizó el final del servicio sacerdotal de Elí y de sus hijos. Samuel profetizó el final del reino de Saúl y el comienzo del gobierno de David. Así es con esta generación de Samueles que se está levantando hoy. Estos "Samueles del cambio" son administradores del cambio dentro de la iglesia y del gobierno civil.

Escucho al Espíritu del Señor diciendo: ¡*Cambio!* Dios está cambiando de marcha, y debemos cambiar con Él. Este cambio nos llevará al siguiente nivel. Hay un cambio que debemos adoptar con el fin de recoger la última cosecha.

Este no es solo un cambio generacional; es algo que debemos discernir en nuestra vida diaria para que podamos cruzar y poseer nuestra Tierra Prometida. Muchos líderes han estado atorados, y como un engranaje que se coloca incorrectamente, se quemarán si se niegan a hacer los cambios que Dios requiere de parte de ellos.

Aquellos que cambiarán de acuerdo con la guía de Dios serán exaltados y comerán el buen fruto de la tierra. Ha llegado el momento de que cambiemos de las siguientes maneras:

+ *Cambio de liderazgo*: de los Elí a los Samuel, de los Saúl a los David. (Véase 2 Samuel 1:5, 9–10, 13, 15, 17). Samuel, David y Josué están saliendo para liderar a la generación de cambio: la generación de fundadores.

+ *Cambio de paradigma*: de ovejas a soldados; de corderos a leones.

+ *Cambio de enfoque*: de la iglesia local al reino de Dios.

+ *Cambio a la dimensión del hoy*: (Véase Ezra 5:1–2, 6:14–15; Juan 2:1–11, 19–21; Oseas 6:1–3, Josué 3).

+ *Cambio en la riqueza*: la riqueza comenzará a cambiar hacia las manos de los justos.

+ *Cambio de estructura*: del orden del hombre al orden de Dios. (Véase 1 Samuel 6; Efesios 2:20–22).

+ *Cambio de vergüenza a fama*: (Véase Sofonías 3:19–20).

+ *Cambio en la geografía*: Habrá un gran movimiento y relocalización de ministerios, conforme Dios reacomoda los lugares de liderazgo para aquellos que permanecen fieles y dispuestos a aprender.

+ *Cambio en los lugares celestiales*: Dios está soltando nuevas unciones y fuerzas angelicales adicionales en la tierra.

+ *Cambio en la membresía de la iglesia*: un éxodo ha comenzado conforme los santos huyen de la muerte, de iglesias religiosas a iglesias donde la vida del Espíritu fluye más libremente y la Palabra de Dios realmente se vive. Las iglesias que están cambiando con la restauración apostólica de Dios están viendo un crecimiento exponencial. Otras están disminuyendo porque se han resistido a los movimientos de Dios o están rehusando frenar hijos espirituales que están viviendo en pecado.

Cambio de guardia

Mientras ministraba en Taiwán en 1997, tuve el privilegio de ser testigo de algo que me cautivó. Fue durante el cambio de guardia en el Mausoleo de Chiang Kai-shek. Chiang Kai-shek fue el presidente fundador de Taiwán, y también era cristiano. Mientras yo observaba el cambio de guardia, el Señor me reveló algunas cosas que nunca he visto al observar cambios de guardia en otros países.

Una estatua del Presidente Chiang Kai-shek estaba en el centro de la sala principal del mausoleo. Aproximadamente a setenta y cinco pies a cada lado de la estatua había un guardia de pie encima de un pedestal que parecía ser de dos pies de altura. Miré con asombro mientras esos dos soldados estaban de pie con sus armas extendidas, de frente al mausoleo y sin mover un solo musculo.

Conforme el tiempo del cambio se acercaba, en la distancia yo podía oír soldados marchando al unísono. Los que estaban alrededor de mí decían: "¡Ya vienen, ya vienen!". Todos observaban el pasillo anticipando su llegada. Yo no supe hasta después que el sonido distintivo que había cautivado mi atención provenía de las tapas de metal en la parte inferior de las botas de los soldados.

Después de oír aquellos sonidos pero no ver nada durante un buen rato, tres soldados dieron vuelta a la esquina. El soldado líder tenía un pergamino de órdenes debajo del brazo, y los dos soldados que marchaban detrás de él tenían bayonetas sobre sus hombros. Cuando todos se detuvieron, los dos soldados que estaban en guardia simultáneamente golpearon sus armas sobre los pedestales y bajaron. Dejaron sus puestos marchando al unísono: *golpe, paso, golpe, paso, golpe, paso*. Estaban al menos ciento cincuenta pies separados al principio, ¡sin embargo, permanecieron en sincronía y se movieron como si fueran uno solo!

Marchando al centro, estos dos soldados unieron sus filas con los otros tres y voltearon hacia el mausoleo con sus espaldas hacia nosotros. De repente, se dieron vuelta, frente a frente. Al comando del soldado de en medio —el que traía el pergamino— golpearon sus armas contra el piso y las inclinaron hacia cada uno, a manera de saludo. Entonces, casi más rápido de lo que yo pudiera parpadear, intercambiaron lugares. Golpearon sus armas contra el piso y entonces las inclinaron de nuevo.

Los soldados a los que les tocaba la siguiente guardia marcharon a los pedestales y tomaron sus posiciones. Golpearon sus armas contra los pedestales y las inclinaron hacia cada uno de ellos. Vi cómo los exguardias marcharon para salir de la habitación. En el hombro derecho de cada uno de sus uniformes había un parche tejido que representaba a un león rugiente.

Esta experiencia tuvo un profundo impacto en mí. A continuación presento algunas reflexiones que tuve cuando fui testigo del cambio de guardia.

+ Cuando estamos en guardia, debemos estar sobrios y vigilantes.

+ Cuando llega el momento de *cambiar*, independientemente de que sea el momento de entrar o de salir, nos movemos en el momento en que el reloj marca la hora.

+ La unidad crea un sonido distintivo, y debemos marchar juntos en fila y en orden. (Véase Joel 2–3; Salmos 133; Efesios 4).

+ Los cinco soldados representan al ministerio quíntuple. (Véase Efesios 4:11).

+ El soldado que tenía el pergamino debajo de su brazo representa al apóstol. Los apóstoles tienen la gracia para establecer gobiernos, lo que ocasiona orden divino dentro del cuerpo de Cristo. Al operar correctamente, un apóstol discierne qué unción del ministerio quíntuple es necesaria para una situación en particular o parte de un servicio, y suelta a la gente para funcionar en sus llamados y dones.

+ Los otro cuatro soldados representan al profeta, evangelista, pastor y maestro. Estos cuatro permanecen vigilantes, para que puedan tomar su *turno* (cambio) cuando se les llame. Mientras que no están sobre el pedestal en guardia, deben apoyar con oración a aquellos que lo están y prepararse para su próximo *cambio* de turno (limpiar y cargar sus armas; en otras palabras, estudiar, ayunar y orar).

+ Los cambios de turno vienen más a menudo de lo que pensamos. Si no estamos listos, una de dos cosas puede suceder:

    1. Aquellos que están en guardia permanecerán ahí por demasiado tiempo y se cansarán o se quedarán dormidos en servicio, lo que produce una puerta para que el enemigo entre.

    2. Aquellos que están listos y dispuestos a tomar su *cambio* de turno son incapaces de cumplir sus destinos. Esto puede ocasionar que los soldados se desanimen y se desilusionen.

- El parche con el león rugiente representa el hecho de que estamos siendo transformados de ovejas a leones. Estamos autorizados a ejercer el dominio del León de Judá.

- Cuando los soldados inclinaron sus espadas hacia el otro, estaban dándole preferencia a la otra persona, soltando y otorgando poder el uno al otro para tomar su *cambio* de turno.

Cuando usted comienza a orar desde lo más profundo de su ser para dar a luz la voluntad de Dios en la tierra como un cambio, será una oración de gemidos y un lugar de trabajo de parto. Usted está dando a luz a lo que Dios quiere: las naciones.

La oración apostólica trae el orden de Dios y sus órdenes. La oración apostólica trae las estrategias de Dios para derrotar al enemigo. ¡La oración apostólica trae el mundo al Señor Jesucristo!

> *Y Samuel creció, y Jehová estaba con él, y no dejó caer a tierra ninguna de sus palabras.* (1 Samuel 3:19)

¿Por qué ninguna de las palabras de Samuel cayeron a tierra? Samuel aprendió a orar y ministrarle al Señor de su madre. Él solamente hablaba lo que Dios le decía. Él decretaba la Palabra del Rey, y se cumplía.

> *Y le dijo Eliseo [al rey]: Toma un arco y unas saetas. Tomó él entonces un arco y unas saetas. Luego dijo Eliseo al rey de Israel: Pon tu mano sobre el arco. Y puso él su mano sobre el arco. Entonces puso Eliseo sus manos sobre las manos del rey.* (2 Reyes 13:15–16)

Yo creo que las naciones están cambiando a causa de las oraciones de los guerreros de Dios, su oración y su profecía. Estamos colocando nuestras manos sobre los oficiales de gobierno y recibiendo estrategias divinas para provocar un cambio duradero en el mundo.

Participar en alabanza profética no es una profesión o un caso aislado; es un estilo de vida. Es una jornada que nunca terminará, hasta que usted esté de pie ante el trono glorioso de Dios al final de su vida terrenal y comience su alabanza incesante hacia Él, cara a cara.

El Salmo 24:6 afirma: *"Tal es la generación de los que le buscan, de los que buscan tu rostro"*. ¿Es usted parte de esta generación de Jacob? ¿Quiere que la alabanza procedente inunde su vida, bendiciendo a todos aquellos que están alrededor de usted, así como también al resto del mundo? Este es un momento crítico en el planeta tierra. Somos la generación que se está preparando para el regreso del Señor Jesucristo. Esta es la temporada *kairos*; y somos una generación que está determinada a buscar el rostro de Dios, a conocerlo íntimamente, y a gobernar así como Él quiere, aquí en la tierra. Hemos tenido a la generación baby boomer; hemos tenido la generación X, ¡y ahora es tiempo de los alabadores proféticos!

11

DESATE EL FLUIR DEL CIELO

Una palabra hebrea para "adoración" es *shachah*, que significa "inclinarse, postrarse uno mismo". Cuando yo *shachah*, yo recibo un fluir desde el cielo. Si quiero hacer bajar el cielo, tengo que bajar muy bajo. Cuando yo me humillo a mí mismo, Dios me exaltará.

¡Mi fluir del cielo se encuentra en mi "bajar muy bajo"!

Cuando yo adoro, me estoy sometiendo a mí mismo a una fuerza superior. Cuando estoy subiendo alabanza, estoy transmitiendo una señal desde una computadora más pequeña a una fuente más grande que puede contenerla. Mire, Dios puede contener toda la adoración en la tierra. De hecho, no hay suficiente adoración proveniente de la tierra en estos momentos. Si hubiera más adoración, Dios podría contenerla fácilmente. Su unidad de memoria, o unidad de "corazón, está tan abierta a recibir adoración que nosotros podemos subir y transmitir la adoración desde nuestra unidad de "corazón" directamente a la de Él. Cuando yo le transmito esa señal, yo estoy "bajando" bajo —para llegar a un lugar donde yo estoy humillado— y estoy diciéndole: "Tú eres supremo, superior y grande. Tengo que subir a ti, porque tú eres el único que puede contener esto, el único que es digno de ello". Cuando subo alabanza a Dios, la misma intensidad de la señal o divisa de adoración vuelve en forma de lluvia, con lo que yo necesito. También desciende como *reinado*. Yo puedo reinar en cualquier ámbito en el que me encuentre.

Una de las palabras griegas para "adoración" es *proskyneo*, que significa "besar la mano hacia uno, en señal de reverencia". Es hincarse o postrarse y dar honra a alguien.

Cuando yo me hinco o me postro, hay un subir. Cuando usted va delante del Rey, siempre se inclina. En la mayoría de las culturas asiáticas, la humildad es apreciada. Los gestos de respeto son de suma importancia. Parece que esto ha sido un tanto perdido en la cultura de América. Mucha gente quiere hacer lo que quiere, cuando quiere. Si una persona es impía y rebelde, esto le robará el fluir del cielo. Si una persona no puede inclinarse delante del Señor y no puede someterse a su Palabra y a su autoridad delegada en su vida, ese individuo no verá un subir. ¿Va a adorar al Señor? ¿Lo va amar? Dígaselo a Él: "¡Te amo, te adoro, te honro! ¡Tú eres mi Papi, mi Amigo, mi Majestad, mi Rey, el Amante de mi alma! ¡Te adoro!".

Muchas personas han perdido su habilidad de "humillarse" en la iglesia. Mucha gente está haciendo que sus cabezas sean cortadas en la guerra espiritual. ¿Sabe usted la razón por la cual muchas personas están siendo voladas en pedazos en esta guerra por el reino? Porque sus cabezas están alzadas en el orgullo. En la guerra, usted debe mantenerse bajo. No camina erguido, pidiendo que le disparen. Usted piensa en las balas volando, y se agacha. ¿Por qué se agacha? ¡Porque usted no quiere que le vuelen su cabeza! Tenemos a muchos creyentes y líderes con grandes cabezas. Sin embargo, no vemos a Jesus así. Él se hincó sobre sus rodillas y lavó los pies de los discípulos. (Véase Juan 13:3–15). ¡Jesús se humilló! Y porque Jesús se humilló, hoy existe un fluir de los cielos. Dios está buscando soldados que se humillen tan bajo que el enemigo no será capaz de cortarles sus cabezas.

El D.O.W.N.L.O.A.D.[14]

D = Drink (Beber)

Como el ciervo brama por las corrientes de las aguas, así clama por ti,
oh Dios, el alma mía. (Salmos 42:1)

Si quiero que el cielo baje, debo aprender a beber de la presencia de
Él. Cuando yo voy a la fuente de agua, puedo pararme enfrente de ella y
sonreír, pero el agua no va a burbujear para que yo beba. Puedo agitar mi
mano sobre ella, pisar fuerte con mi pie, pero aun así la fuente no me pro-
veerá de agua. Para beber el agua, debo presionar un botón. Hay mucha
gente que quiere que el cielo baje o sea descargado, pero no sabe cómo
"presionar el botón". Hay un botón que libera un fluir celestial. ¡Ese botón
es la *adoración*!

¡Cuán amables son tus moradas, oh Jehová de los ejércitos! Anhela mi
alma y aun ardientemente desea los atrios de Jehová; mi corazón y mi
carne cantan al Dios vivo. (Salmos 84:1–2)

Si usted está bastante sediento, hará lo que sea para obtener el fluir del
cielo. Si usted solo dice: "Bueno, pienso que voy a tomar un pequeño sorbo
de agua", ¡usted no está listo! No piense; ¡beba! Beba de la presencia de Él.
Las personas que están llenas de religión, llenas de sí mismas, llenas de
orgullo, y llenas de todo lo que está en este mundo se sentarán en la iglesia;
sin embargo, eso no hará nada por ellas. Despiertan el lunes, sin pensar en
la búsqueda de Dios. Despiertan el martes y encuentran que es más importante entrar al Internet que con Dios. Despiertan el miércoles, jueves, vier-
nes, y es más de lo mismo. ¡Todo a su alrededor es más importante! Sin
embargo, cuando encuentra a alguien que está realmente sediento, es como
escribió el salmista: *"Como el ciervo brama por las corrientes de las aguas, así*
clama por ti, oh Dios, el alma mía". Alguien que verdaderamente tiene sed
de Dios correrá tras de Él, como un hombre en el desierto, mirando a la

---

14. *Download* es un término técnico en inglés que define la acción de descargar o bajar algo en
un equipo de cómputo.

distancia, viendo agua, corriendo, postrándose, cayendo sobre sus rodillas e intentando todo lo que se le viene a su mente para llegar a ese lugar donde él puede conseguir una bebida. ¿Está usted así de sediento?

O = Oil (Aceite)

> ¡Mirad cuán bueno y cuán delicioso es habitar los hermanos juntos en armonía! Es como el buen óleo sobre la cabeza, el cual desciende sobre la barba, la barba de Aarón, y baja hasta el borde de sus vestiduras; como el rocío de Hermón, que desciende sobre los montes de Sion; porque allí envía Jehová bendición, y vida eterna. (Salmos 133:1–3)

El aceite fluye hacia abajo. Si queremos vivir bajo el constante fluir del cielo, de la gloria y de la bendición, tenemos que vivir una vida que esté sometida a autoridad. A muchas personas no les gusta la palabra *someter*, pero no podemos avanzar si no nos sometemos bajo autoridad. Sumisión es literalmente venir bajo la misión. En Legacy Life Church, tenemos una visión: una misión que Dios nos ha dado. La misión de la iglesia Legacy Life es "despertar generaciones". Esa es nuestra misión como creyentes, y como una casa. Todo lo que hacemos debe entrar en alineación con esa misión. Si alguien quiere ser parte de esa misión, esa persona debe venir debajo de ella y someterse a ella. Como un submarino, esa persona se humilla o desciende y viene bajo esa misión. No puede obtener el aceite a menos que usted se convierta en una parte de las vestiduras de la casa. Es como *"el rocío… sobre los montes de Sion"*. Usted debe estar en la montaña para recibir el rocío que desciende desde cima. Cuando la nieve pega a la montaña, ¿en dónde pega primero? En la parte superior, y entonces se derrite y fluye hacia abajo. Libera el agua para cualquier persona en esa montaña. Los riachuelos que fluyen desde esa montana son repuestos desde los cielos. Del mismo modo, el aceite fluye hacia abajo.

Permítame desglosarlo un poco más. Si yo tengo un empleo y quiero ser bendecido en él, tengo que someterme a la autoridad que esta sobre él. No puedo nada más presentarme a trabajar y esperar recibir un sueldo a menos que pueda lograr lo que mi jefe quiere que logre. No puedo estar trabajando contra los propósitos de mi gerente y hacer mi propia cosa.

Debo "estar bajo" ese empleador y la visión de esa "casa". Yo no debo estar trabajando solamente por un sueldo; yo debo anhelar que el negocio tenga éxito y que sea bendecido. Debiera venir como José se acercó a su posición en el palacio, sabiendo que Dios me ha ungido, y que porque estoy en esta posición, mi empresa prosperará. No voy a ir contra esta empresa; voy a estar bajo el visionario de la empresa y velar y hacer todo lo que pueda, en la medida de mis habilidades, para promover esa compañía. Si puedo promover esa empresa, entonces en lugar de obtener solamente mi sueldo de cuarenta horas al final de la semana, prosperaré conforme ese negocio prospera. Me someto; me sujeto. Usted no puede esperar ser bendecido si llega tarde, se va temprano, y se toma tiempo libre cuando debiera estar trabajando. No puede pasarse el tiempo hablándoles a los demás, navegando por el Internet y arreglándose las uñas cuando debiera estar trabajando. No puede esperar ser bendecido cuando usted está robando a su empleador. Usted está robando a aquellos que están en una posición de autoridad sobre usted, y Dios no va a bendecir a un ladrón.

Cuando me pongo bajo la autoridad de alguien que está sobre mí, y me doy cuenta de que no estoy solamente siguiendo las reglas para obtener un pago sino que estoy trabajando para avanzar la visión de mi empleador, entonces Dios me dará lo que me pertenece, porque he sido fiel sobre algo que le pertenece a alguien más. Si soy fiel sobre el viñedo de otra persona, Dios me recompensará con mi propia viña. ¿Cómo puede un empresario obtener su propio negocio? En algún momento de su vida, muy probablemente, él tuvo que trabajar en un empleo de salario mínimo, siendo fiel al negocio de otro hombre. Así es como Dios lo honró.

El principio es el siguiente: hay autoridad en el hogar; es decir, en los padres. En cada hogar hay una misión y una visión. Como un hijo de Dios, usted es un empleado de la Empresa Padre e Hijo, o de la Empresa Mamá e Hijos. Como un empleado de la empresa familiar, usted debe situarse bajo ella y caminar de acuerdo con lo que Dios tiene para esa casa, para poder vivir en las bendiciones de la misma. Al salir fuera de este sometimiento a la autoridad y oponerse a ella, o cuando se niega a someterse a la autoridad, entonces usted vive bajo maldición. Ahora bien, la maldición no afectará a la familia, porque ellos están caminando en alineación.

Quien esté en orden recibirá las bendiciones, pero quien se subleve contra la autoridad renuncia a su derecho a la bendición. Si usted quiere recibir la bendición, tiene que situarse bajo el papá, la mamá, o la autoridad en la casa. Usted debe someterse.

Si quiere vivir en el ático, primero debe aprender a vivir en el sótano. La Biblia dice: *"Porque el que se enaltece será humillado, y el que se humilla será enaltecido"* (Mateo 23:12).

No importa su edad. Si usted alquila un cuarto en la casa de alguien, usted está bajo la autoridad de esa persona. Si usted tiene que someterse a esa autoridad, caminará en alineación y bendición. Cuando entra bajo autoridad, las bendiciones fluyen. Cuando está bajo la cubierta de favor, bajo la cubierta de provisión, usted es bendecido. Dios está obligado a bendecirlo. Cuando usted rehúsa someterse, no es que Dios quite la bendición, sino que usted sale de debajo de la cubierta de esa bendición.

Si yo trabajo para una empresa de limpieza de alfombras y me aprovecho de la compañía conduciendo por los alrededores, haciendo mis diligencias personales y desperdiciando la gasolina de la compañía, ¿qué pensaría usted? En lugar de cumplir el trabajo que se me ha asignado y ganar dinero para la compañía, ¿qué hice? Salí de debajo de mi autoridad y entré en una maldición. No solamente yo me estoy provocando perder dinero, sino que también estoy perdiendo el dinero de la compañía. Eventualmente, la empresa me despedirá. Habría podido mantener mi empleo y avanzar el negocio si yo hubiera limpiado la alfombra, como se suponía que debía hacerlo. Ellos hubieran tenido más trabajo para mí, pero en cambio, desperdicié su gasolina y su tiempo.

No importa la edad que tenga; si usted está en la casa, está bajo autoridad. Usted puede pensar: *Bueno, yo tengo edad para votar, y soy lo suficientemente grande para alistarme en el ejército.* Déjeme decirle algo: por favor, únase al ejército, porque así se dará cuenta de lo que significa no tener opinión en lo que usted se pone, cómo se peina, a qué hora se despierta, o lo que come. ¡Usted ni siquiera decide cuándo ir al baño!

Algunas personas dicen: "Dios ha quitado la bendición", cuando lo que realmente sucedió es que salieron de debajo de la autoridad; en concreto, al no dar diezmo.

¿Robará el hombre a Dios? Pues vosotros me habéis robado. Y dijisteis:
¿En qué te hemos robado? En vuestros diezmos y ofrendas.

(Malaquías 3:8)

Usted no solo se presentó en la casa de Dios y tomó su dinero mientras Él no estaba. Usted lo retuvo a punta de pistola; lo detuvo. Cuando usted retiene su diezmo, está robando a Dios, y sale de debajo de su bendición y favor. Ahora no podrá obtener que el cielo fluya. Ese fluir está disponible solamente cuando usted está alineado.

Hay un fluir del cielo cuando se está bajo la autoridad del reino. Dios está obligado por su Palabra. Él no le bendecirá si usted está fuera de debajo de su autoridad. Usted puede pensar: *Bueno, ¿por qué algunas personas en el mundo son bendecidas?* Tiene que entender que alguien podría estar trabajando secularmente para obtener ganancias terrenales. La Biblia le dice que considere usted el final del camino de esa persona; puede que lo esté obteniendo todo ahora, pero al final, todo se reduce a Proverbios 14:12: "*Hay camino que al hombre le parece derecho; pero su fin es camino de muerte*".

Todo ese dinero no pagará una buena salud; todo ese dinero no pagará la paz de la mente; todo ese dinero y cosas por las que él piensa que ha trabajado no vinieron de vivir para Dios. Todas esas cosas pasarán. La Biblia dice: "*Y al que sabe hacer lo bueno, y no lo hace, le es pecado*" (Santiago 4:17). Usted sabe que tiene que estar bajo la cubierta, porque salir de debajo de ella es pecado. Manténgase debajo del fluir.

Independientemente de la edad, si los hijos quieren vivir una vida bendecida, y si ellos todavía están viviendo en casa, necesitan hacer lo que puedan para servir al visionario de su casa. Sirva a su padre; sirva a su madre; camine en alineación con el orden, y la bendición fluirá hacia abajo. ¡Mire lo que sucederá! Usted va a caminar y a poseer su propia tierra, su propia casa, usted tendrá su propio empleo y su propia bendición; no porque lo haya hecho por usted mismo, sino porque la Biblia dice que si usted honra a sus padres, tendrá larga vida. (Véase Éxodo 20:12). Estará agradecido por sus padres y por la bendición que ellos son para usted. Cuando salga y reciba su bendición, usted en retorno les bendecirá.

En la cultura judía, cuando el hijo mayor alcanza la mayoría de edad, todo lo que los padres tienen es conferido a él. ¿Sabe lo que sucede entonces? Sus padres se convierten en su responsabilidad. Él dice: "Ustedes me proveyeron cubierta, así que ahora yo cuidaré de ustedes". Eso es el honor. Eso es situarse bajo autoridad.

Ha habido épocas cuando he observado a mi papá cuidar de su padre y su madre. Les dio comida y cubrió sus pagos de automóvil y de casa. ¿Sabe por qué? Porque ellos cuidaron de él cuando no tenía nada. Lo trajeron al mundo, lo honraron, y ahora, en retorno, él está procurándoles. Eso es honorable, y Dios lo recordará y le recompensará por eso.

W = Work the Word (Trabajar la Palabra)

No puede esperar tener el fluir del cielo si no trabaja la Palabra de Dios y las palabras proféticas que Dios le da. Si Él le da una palabra profética, sea un "hacedor" de ella. La fe sin acción está muerta. (Véase Santiago 2:17). Cada vez que ve el logotipo de Nike, debiera escuchar la voz de Dios diciéndole: "¡Tan solo hazlo!". Dios está tratando de captar su atención a través de cosas como esta, incluso a través de canciones seculares como la de Janet Jackson "¿Qué has hecho por mí últimamente?". ¿Puede oír a los ángeles cantar esa vieja canción de Elvis "Menos hablar y mucha más acción"? ¡Usted tiene que trabajar la Palabra! ¡Si usted trabaja la Palabra, la Palabra trabajará por usted!

> *Porque si alguno es oidor de la palabra pero no hacedor de ella, éste es semejante al hombre que considera en un espejo su rostro natural. Porque él se considera a sí mismo, y se va, y luego olvida cómo era.*
>
> (Santiago 1:23–24)

> *¿Más quieres saber, hombre vano, que la fe sin obras es muerta?*
>
> (Santiago 2:20)

> *Este mandamiento, hijo Timoteo, te encargo, para que conforme a las profecías que se hicieron antes en cuanto a ti, milites por ellas la buena milicia.*
>
> (1 Timoteo 1:18)

¡Guerree con la Palabra! En ninguna parte de la Biblia va a encontrar que le diga que ponga la Palabra en un estante. Es tiempo de tomar la Palabra escrita y la palabra *rema* (pronunciada por Dios o profética) concerniente a su vida fuera del estante; quítele el polvo y vaya a la guerra con ellas. Si Dios le ha dado una promesa de su Palabra, o una palabra profética que se alinea con su Palabra, ¡entonces usted debe comenzar a manejarla como un arma! Use la Palabra de Dios como una espada o una barra apisonadora, y valientemente declare: "¡Dios ha dicho _____ concerniente a mi vida, y yo decreto que esto sucederá!". ¡Entonces, comenzará a soltar los sonidos de alabanza proféticos, esperando el fluir del cielo en su vida!

N = "Now" Faith (Fe "Ahora")

Ahora bien, la fe es la certeza de lo que se espera, la convicción de lo que no se ve. (Hebreos 11:1, LBLA)

¡Usted debe tener fe "ahora"! "Si no es *ahora*, no es fe". Esas fueron las palabras que el Señor habló a mi padre la noche en que fue levantado de una silla de ruedas. Verá usted, mi padre tuvo un accidente aéreo y estuvo perdido por más de quince horas entre los restos del avión. A lo largo de toda la noche, él estuvo acostado en gasolina, casi ahogándose en su propia sangre. Su nariz fue cortada, si rodilla estaba arrancada, su cadera estaba quebrada en pedazos, y su pie izquierdo cortado, con excepción del tendón de su tobillo. Sufrió numerosas lesiones —a opinión de todos, el debería haber muerto—, *pero intervino Dios*.

Cuando él sentía la muerte venir, citaba el Salmo 118:17 (LBLA): "*No moriré, sino que viviré, y contaré las obras del SEÑOR*". Cuando llegó un médico militar al lado de mi papá, declaró que papá nunca llegaría al hospital, porque había perdido demasiada sangre. Papá dijo: "¡Yo no moriré!". Después de numerosas cirugías y más de seis semanas en el hospital, papá fue dado de alta y se fue a casa. Ocho doctores y especialistas le dijeron que nunca volvería a ponerse de pie o caminar. Sin embargo, en un servicio de mitad de semana en la iglesia, papá estaba predicando sobre el tema de la fe sentado en su silla de ruedas cuando escuchó la voz del Señor decir: "¡Charlie Fowler, si no es *ahora*, no es fe!". Papá les pidió a todos los que creyeran que él podría caminar esa noche que se pusieran de pie y empezaran a alabar al Señor. ¡Eso sí que es alabanza profética: empezar a alabar antes de ver que cualquier cosa suceda! Cuando la gente empezó a alabar al Señor, papá comenzó citando Isaías 53:5: *"Por su llaga fuimos nosotros curados"*. Entonces, él dijo: "¡Así que, si lo somos, y hemos sido, entonces yo soy sanado!". ¡Con eso, se levantó y comenzó a caminar! ¡El lugar se volvió loco e irrumpió en alabanza! Al siguiente día, él fue a ver a esos médicos que le habían dicho que nunca volvería a caminar, ¡y ellos dijeron que era un milagro! Mi papá aún está caminando, corriendo y predicando hoy. ¡Él y mi mamá pastorean una iglesia al norte de Florida y continúan viendo la "fe ahora" trabajando en muchas vidas!

L = Loaded (Cargado)

Bendito el Señor; cada día nos colma de beneficios el Dios de nuestra salvación. (Salmos 68:19)

Viva la "vida cargada", una que se carga diariamente con beneficios. No viva por debajo de la norma de Dios para su vida. Espere lo mejor de Dios y no se conforme con menos. Cuando usted se une a este ejército de alabanza profética, ¡su vida será un testimonio vivo de lo que sucede cuando el cielo desciende! Su familia, amigos, vecinos y compañeros de trabajo comenzarán a preguntar: "¿Qué estás haciendo?". Cuando eso suceda, recuerde darle la gloria a Dios; entonces, enlísteles como discípulos de adoración.

Bendice, alma mía, a Jehová, y no olvides ninguno de sus beneficios. (Salmos 103:2)

¿Qué pagaré a Jehová por todos sus beneficios para conmigo? (Salmos 116:12)

O = Obediencia

Para descargar el fluir del cielo en la tierra, debemos ser obedientes a la voz de Dios. Para acceder a la dimensión sobrenatural de Dios se requiere de vasijas sensibles que rápidamente obedezcan sus gentiles empujoncitos. No podemos ser tercos o testarudos. Debemos ser flexibles en las manos del Alfarero. La rápida obediencia libera un fluir de alta velocidad del cielo a la tierra.

Me recuerda a Naamán. Siete veces, el profeta le dijo que se sumergiera en el río Jordán. ¿Qué habría sucedido si Naamán no hubiera obedecido? Absolutamente ninguna otra cosa más que la muerte, y le habría llevado rápidamente. Sin embargo, porque el obedeció, no solamente fue sanado sino que también su cuerpo fue restaurado.

> *El entonces descendió, y se zambulló siete veces en el Jordán, conforme a la palabra del varón de Dios; y su carne se volvió como la carne de un niño, y quedó limpio.* (2 Reyes 5:14)

¿Cuantos están luchando con enfermedades o circunstancias innecesarias? Todo lo que Dios está esperando es su obediencia. Un acto de obediencia podría cambiar su vida para siempre. ¿Con quién le dijo Dios que compartiera su amor? ¿A quién le dijo Él que bendijera? ¿Para cuál ministerio le puso Él en su corazón sembrar una semilla? Cualquiera que sea el acto de obediencia, hágalo ahora. No se retrase, porque la obediencia retrasada es desobediencia, y desobediencia es brujería. (Véase 1 Samuel 15:23). Deje de tratar de conjurar cosas en su carne. Métase en el espíritu y obedezca. Entonces usted verá el cielo manifestarse en la tierra.

> *Obedecer es mejor que los sacrificios… porque como pecado de adivinación es la rebelión.* (1 Samuel 15:22–23)

> *Si tan sólo me obedecen, tendrán comida en abundancia. Pero si se apartan y se niegan a escuchar, la espada de sus enemigos los devorará. ¡Yo, el Señor, he hablado!* (Isaías 1:19–20, NTV)

A = Acuerdo

Además os digo, que si dos de vosotros se ponen de acuerdo sobre cual-
quier cosa que pidan aquí en la tierra, les será hecho por mi Padre que
está en los cielos. Porque donde están dos o tres reunidos en mi nombre,
allí estoy yo en medio de ellos.　　　　　　(Mateo 18:19–20, LBLA)

Si quiere que el cielo baje, debe vivir una vida de acuerdo. No estoy
diciendo que usted debe estar de acuerdo con todo lo que escucha. Los
versículos de arriba estipulan que si dos o tres acuerdan algo en oración,
Dios lo hará. La Biblia también dice: *"¿Andarán dos juntos, si no estuvieren*
de acuerdo?" (Amós 3:3). Así que, si alguien está viviendo contrariamente a
la visión de una casa, negocio, iglesia, o cualquier otro grupo de creyentes
—si está robando de lo que su cónyuge, padres, jefe o iglesia han cons-
truido—, ¿cómo se puede caminar con esa persona a menos que vuelva a
un acuerdo? No se puede estar en yugo con alguien que es contrario a la
visión de su casa o negocio. Cuando yo estoy en acuerdo, Dios bendecirá
mi vida.

D = Discipulado

Por tanto, id, y haced discípulos a todas las naciones, bautizándolos en
el nombre del Padre, y del Hijo, y del Espíritu Santo.　(Mateo 28:19)

Si yo quiero vivir en el fluir del cielo, tengo que estar bajo la autoridad
de alguien como discípulo, y tengo que estar dispuesto a ir y discipular a
alguien más. ¿Qué es un discípulo? Un discípulo es uno que está disciplinado y comprometido a seguir a la persona que le está discipulando. Para
ser un discípulo, tengo que ser disciplinado, diligente y estar bajo autoridad. ¿Cómo vamos a alcanzar a las ciudades y naciones? Discipulado.
¿Cómo va a avanzar el reino de Dios? Discipulado. Debemos convertirnos
en discípulos, o seguidores disciplinados de Cristo. Debemos convertirnos en discípulos de adoración que están criando discípulos de adoración.
¡Al hacer esto, cubriremos la tierra de su gloria! Entonces gobernaremos
territorios y los lugares celestiales, y el mayor avivamiento que este mundo

haya visto jamás arrasará sobre las naciones, y el Señor regresará a buscar a su novia.

Una de las formas en que el Señor me ha instruido para ayudar a discipular a las naciones es a través de Awake University [Universidad Avivamiento] y Awake School of Worship [Escuela Avivamiento de Adoración]. Por los últimos veinticinco años o más, he aprendido muchísimo del viajar a todo el mundo, conduciendo Conferencias Adoración del Corazón de David y las Reuniones de 24 Horas de Gloria. He levantado instructores y profesionales ungidos y he desarrollado módulos de entrenamiento que no solamente educan a los creyentes en áreas bíblicas, prácticas, y técnicas de alabanza profética, pero también los activan en la liberación de dimensiones más profundas y demostraciones del reino de Dios dondequiera que sean enviados. Algunos de esos estudiantes se han mudado a Orlando, Florida, para convertirse en aprendices en un programa de entrenamiento de dos años. Otros han tomado clases por Internet o han venido a las activaciones mensuales o anuales. También tenemos Sesiones IMPACT, en las cuales gente de todo el mundo viene a Orlando para dos semanas de entrenamiento intensivo y concentrado y activación. También envío equipos a enseñar varios módulos de Awake School of Worship a iglesias y conferencias alrededor del país y del extranjero.

Otra forma en que el Señor me ha instruido para discipular a las naciones en subir adoración y desatar el fluir del cielo a través de la alabanza profética, es por medio del mandato GodDay [Día de Dios]. El 12 de diciembre de 2012 (12/12/12), miles de creyentes provenientes de varias ciudades, estados, y naciones se reunieron en el corazón de Orlando para restaurar el honor de Dios por medio de alabanza, oración y profecía unida. Por doce horas, demostramos la grandeza de nuestro Dios. También demostramos el amor del Padre poniendo más de seis mil pares de zapatos nuevos en los pies de niños sin padre. El Señor originalmente me dio esta idea en una visión en la cual yo fui levantado en el Espíritu por encima de Orlando para que así el Señor pudiera mostrarme cómo el avivamiento que empezó con GodDay iba a viajar alrededor del mundo. En la visión, nosotros caminamos desde Orlando a la ciudad de Nueva York, y miré cómo miles adoraron y pusieron zapatos en los pies de los niños sin padre. Entonces, Dios me llevó a Australia, donde vi a miles de personas reunirse en adoración y poner zapatos en los pies de los niños sin padre. En los próximos años continuaremos con este mandato, con nuestras reuniones anuales en Orlando, así como también en otras ciudades y naciones alrededor del mundo. Por medio de su Espíritu, juntos, "avivaremos ciudades para avivar naciones". Por medio de su unción, restauraremos el honor de Dios y Padre de los huérfanos.

¡Llamando a todos los creyentes a convertirse en alabadores proféticos!

Yo amo mi señal del Internet. ¡Cargas o descargas son transmitidas muy rápido! Debido a la conexión de Internet de alta velocidad, ya no tengo que esperar a subir o bajar archivos desde mi computadora. Lo mismo sucede con la vida de un creyente que diariamente sube alabanza profética y adoración. Desgraciadamente, cuando les pregunto a algunos creyentes qué es lo que Dios les está diciendo, necesitan irse por cuarenta días para ayunar y orar. ¿Se ha preguntado por qué tantos creyentes dicen: "Bueno, oraré sobre eso"? Yo sí. Es como si todavía ellos tuvieran una débil conexión. No es de alta velocidad. Sin embargo, cuando les pregunta lo mismo a personas que están subiendo alabanza profética y adoración, hay un fluir inmediato de los cielos. Cuando usted pide oración o una palabra de personas que han tenido una buena señal de carga, ahí habrá una descarga o un fluir, y Dios hablará. ¿Por qué? Porque ellos han subido adoración.

> *Porque como desciende de los cielos la lluvia y la nieve, y no vuelve allá, sino que riega la tierra, y la hace germinar y producir, y da semilla al que siembra, y pan al que come, así será mi palabra que sale de mi boca; no volverá a mí vacía, sino que hará lo que yo quiero, y será prosperada en aquello para que la envié.* (Isaías 55:10–11)

Usted necesita comprobar la intensidad de la señal celestial diariamente. Asegúrese de que sus transmisiones de carga y descarga están fluyendo a la velocidad del cielo. Asegúrese de que usted no tenga nada obstruyendo su comunicación con el Señor. Repórtese frecuentemente. Smith Wigglesworth dijo: "¡No es cuánto tiempo ora, es cuánto tiempo pasa sin orar!". ¡Se ha dicho de Wigglesworth que él iba a ver a Dios cada hora que estaba despierto! Reúnase con su "circulo de intensidad" con regularidad para intensificar e incrementar su pasión por Dios. Permanezca en el fluir continuamente, liberando los sonidos de la alabanza profética y recibiendo el fluir sobrenatural que manifiesta señales, maravillas y milagros dondequiera que usted vaya.

¡Veo un ejército de adoración levantándose por todo el mundo, subiendo alabanza profética y desatando el fluir del cielo a la tierra! Si usted escucha al clarión llamar a unirse a este ejército, levante sus manos y haga esta declaración:

> Yo decreto y declaro que Dios está levantando un ejército con alabanza profética, subiendo adoración y desatando el fluir del cielo a la tierra. Tomo mi asiento en lugares celestiales con Cristo. Ya no estoy mirando al enemigo hacia arriba. Asumo mi posición delegada y estoy mirando hacia abajo a los enemigos del reino de Dios. Me siento con Cristo y me río del enemigo en escarnio. Como un gobernador, yo empuño alabanza como un arma y ejecuto los juicios del Señor. Yo suelto los sonidos del cielo, y en el nombre de Jesús, le digo al diablo que se calle. Ningún arma forjada contra mí prosperará, y condenaré toda lengua que se levante contra mí en juicio. (Véase Isaías 54:17).

> Debido a que el fuego de Dios está ardiendo en mi vida, soy muy caliente para ser tocado y soy tan audaz que el enemigo no puede detenerme. Las prisiones tiemblan y las puertas de la prisión son abiertas por medio de mi alabanza, y muchos cautivos son liberados por la presencia del Señor. Yo penetro a través de la alabanza, oración y profecía, y estoy saturado con su presencia. Así como la lluvia del cielo, yo provoco que la gloria de Dios inunde la tierra dondequiera que voy. Tengo un destino para reinar y gobernar con Cristo, para gobernar las regiones celestes y someter territorios

para el reino de Dios. Como un miembro del cuerpo de Cristo y su congreso santo, apruebo una legislación divina que frustra los planes de las tinieblas y libera las bendiciones y promesas del Señor. Hago inútiles las tácticas del enemigo de enfermedad, padecimientos físicos, división, duda, carencia, pobreza, deuda, divorcio, depresión, engaño, acusación, maldición, y cualquier cosa que intenta levantarse contra mi vida, mi familia y mi iglesia. Invoco el nombre que es sobre todo nombre, ¡el poderoso e inigualable nombre de Jesús, y hago cumplir el decreto divino y las promesas de la Palabra de Dios que han sido ratificadas por su sangre derramada! Me apropio de las provisiones, la prosperidad y el poder de la voluntad de Cristo en mi vida y territorio. De hoy en adelante, mantendré una conexión de alta velocidad con Dios por medio de la alabanza profética. Subiré adoración y el cielo será desatado y fluirá dondequiera que yo vaya. En el nombre de Jesús, amén.

ACERCA DEL AUTOR

Joshua Fowler es el líder principal de Legacy Life Church en Orlando, Florida. Tiene una rica herencia de ministerio, con un bisabuelo que predicó setenta años y un abuelo que empezó dos obras misioneras en una Reserva de navajos. Desde su nacimiento, Joshua viajó por toda América ministrando con sus padres. Recientemente Joshua celebró su año veinticinco de ministerio. Él es un conferencista muy solicitado nacional e internacionalmente, y ha ministrado extensamente en muchas naciones alrededor del mundo. Joshua es el fundador de GodDay, un movimiento dedicado al avivamiento de ciudades para Dios. Él también fundó Shoes 4 Kids USA, un proyecto de distribución de zapatos que bendice a los niños marginados y sin padre de la comunidad de Orlando con zapatos nuevos, evitando al mismo tiempo que los zapatos viejos vayan a los vertederos. Joshua y su esposa, Deborah Ashley, residen en un suburbio de Orlando con sus dos hijos, sus hijas gemelas y su nuera.